Blake K. Healy

Die Sprache des Himmels verstehen

Blake K. Healy

Die Sprache des Himmels verstehen

Erkenne und entfalte Gottes Wirken
in jedem Bereich deines Lebens

GloryWorld-Medien

2. Auflage 2023

Übersetzung/Satz: Manfred Mayer
Umschlaggestaltung: Jens Neuhaus (www.7dinge.de)

Printed in the EU

ISBN: 978-3-95578-623-6
Bestellnummer: 356623

Erhältlich beim Verlag:

GloryWorld-Medien
Beit-Sahour-Str. 4
D-46509 Xanten
Tel.: 02801-9854003
Fax: 02801-9854004
info@gloryworld.de
www.gloryworld.de

oder in jeder Buchhandlung

Inhalt

Für Beni Johnson –

eine Freundin, die das Beste in mir sah,

bevor ich es selbst sehen konnte.

Einführung

Das Erste, was ich sah, als ich heute Morgen aufwachte, war ein Engel. Er stand nur einen Schritt von meinem Bett entfernt, sammelte kleine Dinge vom Boden auf und stopfte sie in einen kissengroßen Beutel. Der neugierige Teil meines Verstandes wollte wissen, was er aufhob, warum er es sammelte und wie etwas, das für einen Engel von Bedeutung sein könnte, auf den Boden meines Schlafzimmers zwischen die herumliegende Wäsche neben meinem Bett gekommen sein konnte. Aber nachdem ich schon mein ganzes Leben lang solche Dinge gesehen habe, weiß ich, dass Geduld der erste Schlüssel ist, um zu verstehen, was man im Geist sieht.

Ich schwang mich aus dem Bett, suchte mir passende Kleidung zusammen und sprang unter die Dusche. Der Engel folgte mir weiter und sammelte hier und da Dinge ein, während ich mir die Zähne putzte, mich rasierte und all die anderen aufregenden Dinge meiner Morgentoilette erledigte. Ich nahm mir einen Moment Zeit, um die Sachen, die der Engel in die Tasche steckte, genauer zu betrachten: ein vergoldeter Schraubenzieher, ein makelloser rot-gelber Apfel, ein hell leuchtendes Kügelchen, das wie ein Multivitaminpräparat aus einem Science-Fiction-Film aussah; diese Dinge waren alle sehr verschieden und jedes hatte eine gewisse metaphorische Bedeutung, aber als ich versuchte, diese Bedeutung zu erfassen, fühlte es sich an, als wollte ich mich an ein Wort erinnern, das mir frustrierenderweise gerade einfach nicht mehr einfallen wollte.

Ich schaltete mit meinem Handy Anbetungsmusik ein. Sofort erschien ein weiteres Dutzend der leuchtenden Kügelchen in der Luft um mich herum, jedes in einem anderen phosphoreszierenden Farbton von Blau, Grün oder Gelb. Sie schwebten herab, langsamer als Schnee, und landeten auf dem Waschbecken, dem zugehörigen Schrank, dem Boden und auf mir selbst, wo sie von meiner Haut aufgesogen wurden wie Wasser von einem Schwamm. Sofort breitete sich die vertraute, friedvolle Wärme der Gegenwart Gottes in meinem Körper aus und machte es mir leicht, mich entspannt für den Tag fertigzumachen.

Als ich einige Minuten später feststellte, dass ich mir nicht ganz sicher war, wie lange ich mich in der entschleunigten Behaglichkeit der Gegenwart Gottes verloren hatte, griff ich nach meinem Handy und stellte fest, dass ich aufgrund meines langsames Tempos nur noch weniger als drei Minuten Zeit hatte, um das Haus zu verlassen. Alle Gefühle von Wärme und Behaglichkeit lösten sich durch diesen plötzlichen Schock der harten Realität in Luft auf. Ich sprühte mir etwas von dem Haarprodukt, das gerade in Reichweite war, in die Hand und fuhr mir mit beiden Händen durch die Haare, bis es so aussah, als hätte ich es wenigstens versucht, und zog mir die erstbeste Kleidung an, die ich finden konnte.

Der Engel folgte mir während des ganzen Vorgangs und achtete darauf, alle kleinen „Gegenwartskügelchen" (wenn es denn welche waren) aufzusammeln, die auf den Schrank oder den Boden gefallen waren. Er schnappte sich noch ein paar andere Dinge, die ich nicht groß beachtete, als ich meine Arbeitstasche packte und meine Schuhe anzog. Ich beschloss, mit dem Binden der Schuhe zu warten, bis ich im Auto war, weil ich davon überzeugt war, dass ich so etwas Zeit sparen würde.

Ein weiterer kurzer Blick auf mein Handy verriet mir, dass ich nun noch anderthalb Minuten Zeit hatte, um aus der Tür zu kommen. Schon ganz zufrieden mit meiner Fähigkeit, mich zu beeilen, hörte ich plötzlich eine leise Stimme aus dem Flur.

„Hey, Dad, was gibt's zum Frühstück?"

Ich unterdrückte den Drang, die Lieblingsmethode aller Väter anzuwenden: *„Frag deine Mutter"*, und sagte stattdessen: „Äh ... Toast", weil ich dachte, das ginge schnell genug.

Ich hatte vergessen, dass ich an der Reihe war, rechtzeitig aufzustehen und das Frühstück zu machen, und obwohl ich natürlich meine Frau hätte aufwecken und bitten können, für mich einzuspringen, ist es in einer Familie mit fünf Kindern keine

Kleinigkeit, auf eine Viertelstunde Schlaf zu verzichten. Außerdem war nur eines der Kinder wach; also etwas Toast machen sowie Marmelade und Butter auf den Tisch stellen; wenn die anderen Kinder aufwachen, machen sie sich ihr eigenes Frühstück, und April (meine Frau) wird dann mit einem warmen Gefühl der Dankbarkeit für ihren so umsichtigen Mann aufwachen – ein perfekter Plan.

Leider waren drei weitere Kinder wach, bevor die erste Ladung Toast fertig war, und jedes von ihnen bat um verschiedene Marmeladesorten, Brotsorten und wollten das Brot unterschiedlich lange getoastet habe. Gerade als ich mit der letzten dieser überraschend spezifischen Bestellungen fertig war, kam Kind Nummer fünf die Treppe herunter und fragte, ob es okay sei, Nutella, Erdbeermarmelade und Mayonnaise zu mischen.

„Nein!“, sagte ich in einem barschen Ton, „das ist gegen das Gesetz.“ Das war natürlich als Scherz gemeint, aber das halbe Lächeln meines Sohnes und der abschweifende Blickkontakt machten deutlich, dass mehr als nur ein wenig von meiner mürrischen Stimmung sich auf meinen Tonfall übertragen hatte.

Ich drehte mich um und sah den Engel, der den goldenen Schraubenzieher hielt, den er zuvor in meinem Zimmer aufgehoben hatte. Sobald ich ihn erkannte, stieß der Engel nach vorne, als hätte er einen Dolch in der Hand, und rammte mir den Schraubenzieher in die Hand. Ich spürte nichts, und obwohl es so aussah, als hätte der Schraubenzieher meine Hand an der Arbeitsplatte festnageln müssen, konnte ich meine Hand problemlos bewegen.

Plötzlich erinnerte ich mich daran, dass ich am Abend zuvor beim Zubettgehen einen Erziehungspodcast gehört hatte. Die Leute dort hatten darüber gesprochen, wie wichtig es sei, unseren Kindern gegenüber gesunde Grenzen zu setzen, selbst wenn es um Dinge geht, hinter denen eine nette und liebevolle Absicht steht. Andernfalls seien wir nicht in der Lage, unsere Fähigkeit zu schützen, ihnen gegenüber freundlich und liebevoll zu bleiben. Ich bin mir sicher, dass inzwischen schon mehr als nur ein paar Eltern versucht haben, mir diese Botschaft durch die Seiten dieses Buches zuzurufen.

Ich habe in dieser einleitenden Geschichte nicht die Zeit, darauf einzugehen, inwiefern mich meine frühkindlichen Erfahrungen unter anderem gelehrt haben, es sei lieblos, nein zu sagen, wenn es darum geht, etwas Gutes für jemanden zu tun, der einem wichtig ist, und wie diese einfache, scheinbar harmlose Lektion zu Fehlern in meiner Erziehung, meinen Freundschaften und anderen Beziehungen geführt hat.

Was ich aber sagen kann, ist, dass ich in diesem Moment des Lernens – durch den irritierten Blick meines Sohnes, durch die kleine Offenbarung aus dem Podcast, die in meinem Kopf widerhallte, durch meinen aufgrund der tickenden Uhr angespannten Nacken und durch den goldenen Schraubenzieher in meiner Hand – erkannte, wie ich wachsen konnte.

Ich kniete mich nieder, um meinem Sohn auf Augenhöhe zu begegnen, und entschuldigte mich für die Art und Weise, wie ich mit ihm gesprochen hatte. Ich erklärte ihm, dass ich gestresst war, weil ich für die Arbeit spät dran war, und ließ ihn wissen, dass ich alles für das Frühstück vorbereiten und dann gehen würde, um nicht noch später zu kommen. Der goldene Schraubenzieher verflüssigte sich und löste sich genauso leicht in meiner Hand auf wie die Lichtkugeln von vorhin. Eine gelernte Lektion, ein neues Tool für Beziehungen, das in mein Denken integriert wurde, eine himmlische Weisheit – ich war mir nicht sicher, ob der Schraubenzieher eines, alles oder irgendetwas davon darstellte, nur dass er für etwas Gutes stand, das sich in mein Leben integrierte.

Ich schickte eine kurze SMS an die Teilnehmer der Besprechung, zu der ich zu spät kommen würde, und spürte, wie meine Gefühle zwischen der Enttäuschung über mich, weil ich so mit meinem Sohn gesprochen hatte, und der mangelnden Wertschätzung, die ich meinen Kollegen entgegenbrachte, hin und her schwankten. Wie als Antwort darauf zog der Engel den Apfel heraus, den er neben meinem Bett aufgehoben hatte, und drückte ihn in meinen Brustkorb. Wie die Lichter und der Schraubenzieher sank auch er mit Leichtigkeit hinein. In die innere Frustration mischte sich ein Gefühl des Trostes, das es mir leichter machte, aus den Fehlern zu lernen, anstatt mich für sie zu verurteilen.

Sollte der Apfel mich trösten? War er ein Geschenk des Himmels? Etwas, das ich ohne die Hilfe des Engels nicht hätte bekommen können? Ich wusste es nicht – jedenfalls noch nicht.

Ich beendete die Vorbereitungen für die Kinder, gab ihnen einen Abschiedskuss und verließ das Haus.

Ich kam mit etwas mehr als fünfzehn Minuten Verspätung auf dem Parkplatz bei der Arbeit an, was alles in allem nicht allzu blamabel war. Das Meeting, zu dem ich zu spät gekommen war, war letztlich um eine halbe Stunde verschoben worden, also war das Toast-Marmeladen-Fiasko nicht ganz so katastrophal wie erwartet. Ich ging nach oben in mein Büro, setzte mich an meinen Schreibtisch und nutzte die wenigen zusätzlichen Minuten, um mich an all die Besprechungen und Aufgaben zu erinnern, die für den Tag anstanden. Dabei verspürte ich ein plötzliches und heftiges Verlangen nach einer starken Tasse Kaffee. Ich sprang von meinem Stuhl auf und hätte beinahe meine Bürotür gegen das Gesicht eines Mannes mittleren Alters in einem blauen Overall geschlagen.

Ich entschuldigte mich für meine Unachtsamkeit bei der Suche nach einem Kaffee und er stellte sich vor.

„Ich bin nur hier, um die Verkabelung in einigen dieser neuen Lampen zu überprüfen“, sagte er und wies mit der Hand auf die in die Decke eingebauten Leuchten.

Ich war noch nie der Beste im Smalltalk. Versteh mich aber nicht falsch, ich liebe Menschen. Ich habe noch nie jemanden getroffen, der es nicht wert war, ihn kennenzulernen. Ich habe es nur nie geschafft, besonders gut im Kennenlernen zu sein.

Ich setzte mein freundlichstes Lächeln auf und sagte etwas Witziges und Aufschlussreiches, wie: „Ja, Lampen sind wirklich wichtig.“

Er erwiderte mein Lächeln und hielt einen Moment lang inne, wahrscheinlich auf der Suche nach einer höflichen Antwort auf meine hohle Bemerkung, als ein anderer, jüngerer Mann hereinkam.

„Ah, das hier ist mein Sohn", sagte er und legte eine überraschende Portion väterlichen Stolz in das letzte Wort.

Sein Sohn nickte und hielt nur einen Moment höflichen Augenkontakt, bevor er seine ganze Aufmerksamkeit auf die Tasche mit den Werkzeugen richtete, die er auf den Tresen stellte.

Der Sohn des Mannes sah zwar nicht älter als dreißig aus, aber seine vorsichtige Haltung und sein grimmiger Gesichtsausdruck ließen ihn mindestens so alt aussehen wie sein Vater – in gewisser Weise sogar älter.

Ohne groß nachzudenken, nahm ich mir einen Sekundenbruchteil Zeit, um den Sohn im Geist zu betrachten. Er war mit Dutzenden von dicken Narben übersät. Seine Fingerknöchel waren geschwollen und vernarbt. Er sah auch dünner aus als im wirklichen Leben, als wäre er unterernährt. Die alten Narben überschnitten sich mit frischen, offenen Wunden und dunkelblauen Flecken im Gesicht und an den Armen, als hätte er gerade eine Messerstecherei in einer Besenkammer verloren.

Eine Welle des Mitgefühls überschwemmte mein Herz, wie immer, wenn ich die geistlichen Manifestationen des Schmerzes sehe, den Menschen erlitten haben. Alles in mir wollte diesen Mann trösten und annehmen, aber ehrlich gesagt hatte ich keine Ahnung, wie ich das bei jemandem tun sollte, den ich gerade erst kennengelernt hatte.

Der Vater nahm mein langes Schweigen als ein weiteres Beispiel für meine soziale Unbeholfenheit, die ich vorher gezeigt hatte, und füllte die Stille. „Ja, wir haben gerade die Möglichkeit bekommen, zusammenzuarbeiten. Das finde ich toll."

Der Tonfall des Vaters verriet wieder eine tiefe und innige Liebe zu seinem Sohn, aber dieses Mal war auch ein Hauch von Traurigkeit zu spüren. Obwohl ich die Details nicht erahnen konnte, zeichnete sich die Prägung dieser Vater-Sohn-Geschichte schnell in meinem Kopf ab. Sie hätte Ähnlichkeiten mit der Geschichte vom verlorenen Sohn, nur mit all den Nuancen und Unvollkommenheiten, die Geschichtenerzähler normalerweise wegpolieren. Es ging hier um einen verlorenen Sohn mit einem nicht ganz so perfekten Vater und die Folgen der Taten des Sohnes, die über seine Rückkehr hinaus andauern.

Als ich das spürte, verstärkte sich mein Mitgefühl und meine Frustration wurde noch größer, weil ich nicht wusste, wie ich dieses Mitgefühl, das ich empfand, diesen Menschen gegenüber zum Ausdruck bringen sollte. Ich sagte etwas Unbeholfenes darüber, wie gut es ist, mit Familienangehörigen zusammenzuarbeiten, bestand darauf, dass ich ihnen bei ihrer Arbeit nicht in die Quere kommen wollte, nahm dann meine Tasse Kaffee und zog mich in mein Büro zurück.

Ich schaute immer wieder durch das Fenster, während Vater und Sohn ihre Arbeit verrichteten, und fühlte mich schuldig, weil ich nichts gegen den Schmerz des Sohnes unternommen hatte. Ein Engel stand neben dem Vater, während er die Leiter für seinen Sohn festhielt, der Kabel durch eine Öffnung zog. Ein vielfarbiges Feuer brannte zwischen dem Vater und seinem Sohn, während sie arbeiteten. Das Feuer bewegte sich zwischen den beiden hin und her; es glich einem elektrischen Lichtbogen, bewegte sich aber organisch wie eine aktive, verzehrende Flamme. Das Feuer brannte auf den Wunden und Narben des Sohnes und heilte sie eher, als dass es sie verzehrte. Es verwandelte die Wunden in Narben und die Narben in frische und zarte Haut. Der Engel ging mit einem Stab in der Hand um sie herum, kümmerte sich um die Flammen und drückte auf bestimmte Stellen von Vater und Sohn.

Die Heilung zu sehen, die vor meinen Augen stattfand, tröstete mich über meine frühere Frustration hinweg. Es ist demütigend zu erkennen, dass man nicht für jedes Problem eine Lösung hat, nicht einmal für die Probleme, die man sehen und verstehen kann.

Ich saß einen Moment lang da und dachte über den ersten Teil meines Tages nach, als mir eine Frage in den Sinn kam, die sich oft stellt, wenn ich konsequent darauf achte, was im Geist um mich herum geschieht: Was war das geistlich gesehen Bedeutsamste, das heute passiert ist? War es der Moment der Anbetung, den ich hatte, als ich mich für die Arbeit fertig machte? War es meine veränderte Haltung, wie ich meine Kinder behandelte? War es eine gute Information aus einem Podcast? Oder war es eine geistliche Eingebung vom Himmel? War mein elterlicher Moment geistlich bedeutsamer als das Austauschen einer

Lampe durch diesen Vater und seinen Sohn? Hätte der Sohn mehr Heilung empfangen, wenn ich für ihn gebetet oder ihm ein prophetisches Wort gegeben hätte? Oder war das Arbeiten mit seinem Vater eine höhere Form der geistlichen Heilung?

Das ist schwer zu sagen, wirklich. Ich habe mein ganzes Leben lang im Geist gesehen und frage mich immer noch: Was ist weltlich? Was ist heilig? Und was ist Geist?

*****

Jeder vernünftige Mensch wird am Ende dieser Geschichte wahrscheinlich zumindest ein paar eigene Fragen haben:

- Warum lag überall in deinem Schlafzimmer ein Haufen geistlicher Schutt?
- Waren diese Lichtkugeln Gottes Gegenwart oder Anbetung oder so etwas?
- Warum musste der Engel die Sachen aufheben?
- Was wäre passiert, wenn der Engel sie nicht aufgehoben hätte?
- Was hat die Wunden dieses Mannes verursacht?
- Habe ich Wunden?
- Hat sein Vater seine Wunden geheilt?
- Hat der Engel sie geheilt?
- Willst du mir wirklich weismachen, dass ein Engel dir einen goldenen Schraubenzieher in die Hand gestochen hat, um deine Erziehungskompetenz zu verbessern?

Ich unterrichte, spreche und schreibe seit fast achtzehn Jahren über das Sehen im Geist, und in dieser Zeit haben mir die Menschen viele Fragen gestellt. Die Bandbreite und Vielfalt dieser Fragen hat sich mit jedem Jahr vergrößert und reicht von konkreten Fragen, wie den oben genannten, bis hin zu allgemeineren philosophischen Fragen wie den folgenden:

- Warum ist so viel von dem, was du siehst, so metaphorisch?
- Beeinflussen uns die Dinge, die in der geistlichen Welt passieren?

- Beeinflussen wir sie?
- Sind diese Dinge wirklich echt?
- Ist es nur eine abstrakte Vorstellung?
- Wenn sie real sind, warum können die meisten Menschen sie dann nicht sehen?

Egal, ob die Fragen allgemein und abstrakt oder spezifisch und konkret sind, fast alle lassen sich auf eine grundlegende Frage reduzieren:

- Wie funktioniert die geistliche Welt?

Es ist eine einfache Frage, und sie hat eine einfache Antwort.

Es ist die Hauptfrage, der wir im weiteren Verlauf dieses Buches nachgehen werden, und ich hoffe, dass du am Ende nicht nur meine Antwort verstehst, sondern auch eine eigene hast. Ich hoffe auch, dass du am Ende dieses Buches die geistliche Welt so gut verstehst, dass du alle oben genannten Fragen beantworten kannst, ohne dass ich noch mehr erklären muss.

*****

Eine Frage, die du vielleicht beantwortet haben möchtest, bevor wir zu weit fortfahren, ist: Was meinst du mit „die geistliche Welt"?

Die vollständige Antwort werden wir im Verlauf dieses Buches immer mehr erkunden; ich werde deshalb nicht versuchen, sie jetzt aus diesem Blickwinkel anzugehen, aber ich werde dir einen Ansatzpunkt geben. Wenn ich von der *geistlichen Welt* spreche, meine ich den Teil der Realität, in dem Engel und Dämonen sich aufhalten, in dem der geistliche Teil eines jeden von uns existiert und in dem die Gegenwart Gottes manifest ist.

Außerdem verwende ich den Begriff in einem weitgehend akademischen Sinne. Ich will damit nicht sagen, dass die geistliche Welt an sich rein abstrakt, metaphorisch oder nur eine nicht greifbare Idee ist; ich sage nur, dass die Unterscheidung zwischen der geistlichen und der physischen Welt meiner Meinung nach eine rein akademische Übung ist.

Gott hat die Welt und alles in ihr erschaffen. Die geistliche Welt ist genauso Teil der physischen Welt wie die Schwerkraft, die Mathematik und die physikalischen Gesetze. Diese Konzepte voneinander zu trennen ist hilfreich, wenn wir versuchen, ihre Beziehung zueinander zu verstehen, aber sie sind nur in unserem Kopf getrennt. So ist es auch mit der geistlichen Welt.

In früheren Büchern habe ich den Unterschied zwischen dem geistlichen, dem seelischen und dem physischen Bereich beschrieben. Auch hier ist die Unterscheidung zwischen dem Geist, der Seele (deinem Verstand, deinem Willen und deinen Gefühlen) und deinem Körper hilfreich, um die Dinge zu verstehen, aber sie kann ein Bild der Trennung hervorrufen, das alles andere als korrekt ist. Ein Biologe kann zwischen dem Nerven- und dem Kreislaufsystem deines Körpers unterscheiden, aber wir wissen, dass diese Systeme (und viele andere) so vollständig zusammenarbeiten, dass sie genauso sehr ein Teil voneinander sind, wie sie getrennt sind. So ist es auch mit der geistlichen Welt und wie du in sie eingliedert bist.

Ist es also eine andere Ebene des Seins? Ist es das Himmelreich? Ist das Himmelreich etwas, das sich innerhalb der geistlichen Welt befindet, oder ist die geistliche Welt etwas, das sich im Himmelreich befindet? Kämpfen dort Engel und Dämonen um das Schicksal der Menschheit? Wenn es buchstäblich ist, wie buchstäblich ist es dann? Vieles von dem, worüber du sprichst, klingt metaphorisch. Bedeutet das nicht, dass alles nur eine große Metapher ist?

Das sind alles gute Fragen und ich glaube, dass du am Ende dieses Buches Antworten auf jede einzelne davon haben wirst. Aber ich muss dich um ein gewisses Maß an Geduld bitten – und ich weiß, dass das eine sehr große Bitte ist.

Mein Ziel mit diesem Buch ist es, so zu tun, als würden du und ich (wer auch immer, wo auch immer und wann auch immer du bist) zusammen einen Spaziergang machen und über das Sehen im Geist und die geistliche Welt sprechen. Um das zu erreichen, habe ich dieses Buch so aufgebaut, dass es oft wie ein Gespräch unterhaltsam dahinplätschert. Einige von euch werden das vielleicht manchmal frustrierend finden (vielleicht bist du es schon), aber ihr solltet wissen, dass dies beabsichtigt und meiner Meinung nach auch notwendig ist. Die geistliche Welt ist nicht kompliziert, aber sie ist komplex. Der Versuch, alles bis ins kleinste Detail zu erklären oder dir einen systematischen Ansatz zum Verständnis der geistlichen Welt zu geben, wäre kontraintuitiv und würde es noch schwieriger machen, sie zu verstehen.

Das erinnert mich an einen Besuch bei meinem Schwiegervater im Sommer. Er ist ein großartiger Gärtner, und frische Himbeeren, Zucchini und Salat aus seinem Garten zu essen, ist einer der Höhepunkte jedes Besuchs. Eines Tages begleitete ich ihn, während er den Garten pflegte, und stellte ihm Fragen darüber, wie er es macht, dass die Dinge, die er anbaut, so köstlich schmecken, in der Hoffnung, dass meine Frau und ich einen eigenen Garten anlegen könnten.

Er begann zu erklären, wie man reife, fast reife und überreife Tomaten allein an der Farbe ihrer Haut erkennen kann. Er hielt drei verschiedene Handvoll Blätter in die Höhe und erklärte, wie jedes einzelne Blatt anzeigt, ob die Pflanze genug Wasser oder Sonne oder gute, starke Wurzeln hat. Er drückte einen Daumen sanft in die Oberfläche eines Kürbisses und erklärte, wie es sich anfühlen sollte, wenn er erntereif ist.

Zuerst versuchte ich, mir jedes Detail zu notieren: den Unterschied zwischen den Schattierungen reifer und unreifer Tomaten, das Aussehen der durstigen Blätter. Nach einer Weile wünschte ich mir, ich hätte ein Notizbuch mitgenommen. Schon bald wurde mir klar, dass selbst drei Notizbücher nicht ausgereicht hätten. Plötzlich wurde mir klar, dass mein Schwiegervater nicht gelernt hatte, ein großer Gärtner zu sein, indem er sich Details merkte. Er ist ein großartiger Gärtner geworden, indem er tagein, tagaus mit seinem Vater durch den Garten ging, sich mit ihm unterhielt und lernte.

Zu lernen, im Geist und in die geistliche Welt zu sehen, ist wie etwas über Gartenarbeit zu lernen. Ich bin nicht dein Vater (es sei denn, eines meiner Kinder liest das hier) und ich komme nicht unter dem Vorwand zu dir, ein Experte zu sein, aber ich gehe schon seit langer Zeit durch diesen besonderen Garten. Und ich würde gerne mit dir darüber sprechen, nicht nur, weil er aufregend und schön ist, sondern weil wir bei der Erkundung dieses Gartens viel über den Gärtnermeister lernen, der ihn anfangs angelegt hat und ihn jeden Tag pflegt.

Lass uns also gemeinsam spazieren gehen. Wir werden in Teile meiner Geschichte ein- und aussteigen. Ich erzähle dir, was ich darüber weiß, wie die geistliche Welt funktioniert. Wir werden darüber sprechen, wie man die Sprache des Himmels versteht. Und wir werden den Unterschied zwischen dem, was weltlich und was heilig ist, und dem, was du als Geist in diesem riesigen und wunderbaren Garten bist, erkunden.

Kapitel 1

Meine Geschichte, Teil 1

In meinen ersten Lebensjahren wusste ich nicht, dass ich im Geist sah. Ich sah jeden Tag Engel, aber sie passten so gut zu allem anderen Aufregenden und Neuen in meinem sich ständig erweiternden Weltbild, dass sie für mich nichts Ungewöhnliches waren. Sie gingen neben den Menschen her, flüsterten ihnen etwas ins Ohr, legten ihnen tröstende Hände auf die Schultern, lachten über ihre Witze, weinten über ihre Sorgen oder warteten geduldig darauf, dass ihre Dienste benötigt wurden.

Ich konnte erkennen, dass es keine Menschen waren. Ihre Kleidung wehte in einem Wind, den ich nicht spüren konnte. Sie gingen durch feste Wände und Dinge, als wären diese nicht da. Sie konnten in der Luft genauso leicht laufen wie auf festem Boden. Ihre Haut sah aus, als wäre sie aus Sonnenschein gemacht. Und mindestens die Hälfte von ihnen hatte Flügel. Ich konnte erkennen, dass sie keine Menschen waren, aber es gibt ja viele Dinge auf der Welt, die keine Menschen sind, und wenn man jung ist, sieht man fast jeden Tag Dinge zum ersten Mal.

Ich habe auch Dämonen gesehen. Sie sahen natürlich gruselig aus, aber ich hatte fast nie Angst vor ihnen. Das stimmt nicht ganz. Sie machten mir zwar Angst, aber nur so, wie ein wütender Mann auf der anderen Straßenseite oder ein großer Hund hinter einem Zaun Angst machte. Diese Dinge waren beängstigend, aber nur aus der Ferne.

Ich erzählte anderen von den Engeln und Dämonen, die ich sah, aber das wurde meist als Produkt einer lebhaften Fantasie abgetan. Als ich älter wurde, veranlasste mich der sanfte soziale Druck dazu, immer weniger über die Dinge zu sprechen, die ich sah. Wenn ein Dreijähriger von einer in Gold gekleideten Dame erzählt, die an der Decke tanzt, erntet er ein nachsichtiges Lächeln oder ein liebvolles Streicheln des Kopfes, aber schon mit fünf oder sechs Jahren war der leichte Schmerz, von einem Freund oder einem Familienmitglied komisch angesehen zu werden, mehr als genug, um das meiste von dem, was ich sah, lieber nicht zu erwähnen. Ich weiß noch, dass ich dachte, es sei wohl unhöflich, über solche Dinge zu sprechen.

Diese gegenseitige Ignoranz setzte sich während des größten Teils meiner Kindheit fort. Sobald ich alt genug war, um den Unterschied zwischen Realität und Fantasie besser zu verstehen, wurde mir klar, dass nicht jeder die gleichen Dinge sah wie ich. Leider konnten sich diese ersten Gedanken nicht weiterentwickeln, da die Art und Weise, wie ich die Dinge erlebte, die ich sah, sich dramatisch änderte, kurz nachdem ich neun Jahre alt geworden war.

Eines Nachts, nur wenige Minuten nachdem meine Mutter mich ins Bett gebracht hatte, kam ein Schatten in mein Zimmer. Er hatte vage die Form eines Menschen, bestand aber aus einer verschmierten Dunkelheit, deren Substanz fester als Luft, aber dünner als Rauch war. Als er zum Ende meines Bettes ging, blitzte ein Paar milchig-weißer Augen in der Nähe der Stelle auf, an der sein Gesicht sein sollte, und eine Angst, die überwältigender war als alles, was ich in meinem kurzen Leben je erlebt hatte, überkam mich von Kopf bis Fuß. Ich konnte mich nicht bewegen, ich konnte nicht atmen, ich konnte nur an Ort und Stelle verharren, wie ein unwilliger Teilnehmer an einem Wettstreit mit einem unerbittlichen Schrecken.

Ich weiß nicht mehr, ob ich vor etwas Bestimmtem Angst hatte. Ich hatte keine Angst, dass ich sterben würde. Ich hatte keine Angst, dass ich verletzt werden könnte. Aber trotzdem war mein ganzer Körper in einer endlosen und ziellosen Panik gefangen, wie eine Hand, die einen stromführenden Draht berührt und ihn nicht loslassen kann.

Es ist schwer zu sagen, wie lange ich in dieser Starre feststeckte – fünf Minuten, eine Stunde, beides scheint möglich – aber nach einiger Zeit merkte ich, dass ich meine Schultern bewegen konnte. Nach ein paar weiteren mühevollen Minuten konnte ich meine Schultern so weit hin und her bewegen, dass ich den nötigen Schwung bekam, um mich mit dem Gesicht nach unten in mein Kissen zu drehen. Nach ein paar Atemzügen war ich eingeschlafen.

Am nächsten Morgen wachte ich mit einem Ruck auf, aber der Dämon oder Schatten oder was auch immer es war, war verschwunden und mit ihm die drückende Angst. Ich sah die gleiche Anzahl von Engeln und Dämonen wie sonst auch, als ich an diesem Tag meinem gewohnten Leben als Neunjährigem nachging. Obwohl mich die Erinnerung an die Begegnung der vergangenen Nacht jedes Mal innehalten ließ, wenn ich einen Dämon auf der Schulter eines Menschen sitzen oder eine dunkle, schattenhafte Gestalt durch die Luft schleichen sah, löste ihr Anblick nicht dieselbe lähmende Angst in mir aus. Am Ende des Tages begann ich zu hoffen, dass die ganze Geschichte ein besonders lebhafter Albtraum gewesen war – bis meine Mutter mich in mein Zimmer brachte und ich den Schatten am Fußende meines Bettes sah, der auf mich wartete.

Jede Nacht danach gab es etwas Neues in meinem Zimmer, jede Nacht etwas Beängstigenderes als in der Nacht zuvor, jede Nacht überwältigte die elektrisierende Angst meine Sinne, und jede Nacht wurde es schlimmer. Das hielt dreieinhalb Jahre lang an.

Ein ausführlicherer Bericht über diesen Teil meines Lebens ist in meinem ersten Buch *„Durch den Schleier sehen"*[1] enthalten. Du kannst es lesen, wenn du neugierig bist oder wenn dir meine Geschichte hilft, mit deiner eigenen Frieden zu schließen. Du sollst nur wissen, dass ich diese drei Jahre der Angst, der Verwirrung und des Schmerzes jetzt nicht einfach überspringe, weil ich denke, dass sie zu beängstigend oder gefährlich sind. Ich gehe hier schnell weiter, denn je länger ich lebe, desto kleiner wird dieser Teil meines Lebens.

Wir werden im folgenden Kapitel ein paar Erkenntnisse und Lektionen aus dieser Zeit besprechen, aber das war's auch schon.

Ich möchte diesen Moment jedoch nutzen, um kurz aus der Erzählung auszusteigen und mich an alle zu wenden, die derzeit

---

[1] Blake K. Healy, *Durch den Schleier sehen,* GloryWorld-Medien 2019, S. 28-33.

etwas Ähnliches durchmachen oder es schon durchgemacht haben. Ich dachte immer, ich sei die einzige Person, die diese Art von Qual und Angst erlebte. Aber jetzt, wo ich seit vielen Jahren öffentlich darüber spreche, weiß ich, dass es Hunderte und Aberhunderte von Menschen gibt, denen es genauso geht wie mir und dir. Du bist nicht im Geringsten allein, sondern lebst wahrscheinlich nur in einem Umfeld, in dem es sich sicherer anfühlt, diesen Teil deines Lebens zu verbergen. Ich kann dir nicht sagen, ob du dich an einem sicheren Ort befindest, um damit umzugehen. Was ich dir aber sagen kann, ist, dass es nicht für immer so sein wird und du eines Tages auf diesen Teil deiner Geschichte zurückblicken und ihn als einen kleinen Teil von etwas viel Größerem sehen wirst. Ich hoffe aufrichtig, dass dieses Buch dazu beiträgt, dass dies wahr wird.

Nun zurück zu meiner Geschichte.

Ich war mir nicht sicher, ob ich dabei war, den Verstand zu verlieren oder ob der Teufel plötzlich beschlossen hatte, mein Leben zu ruinieren. Wie auch immer, meine Situation wurde von Tag zu Tag hoffnungsloser. Ich war zu verängstigt, um meinen Eltern zu erzählen, was ich sah. Jedes Mal, wenn ich mir vorstellte, es zu tun, kamen mir schnell Bilder in den Sinn, dass ich an ein Bett gefesselt in einem Raum mit weichen, weißen Wänden lag. Also sagte ich ihnen einfach, dass ich Angst hatte.

Meine Eltern waren gläubige Christen. Sie beteten jede Nacht für mich, gaben mir Bibelstellen, die ich zitieren konnte, wenn ich Angst hatte, und spielten leise Anbetungsmusik in meinem Zimmer, aber nichts half. Jede Nacht wartete ein neuer Schrecken auf mich. Jede Nacht kämpfte ich mich durch mehrere Schichten des Schreckens, um in den Schlaf zu finden.

Eine Erlösung von diesem sich beschleunigenden Kreislauf der Angst kam, kurz nachdem ich zwölf geworden war. Meine Familie und ich zogen auf die andere Seite des Landes und besuchten dort eine neue Gemeinde. Einige der Gemeinden, die wir davor besucht hatten, hatten über die Gaben des Geistes und das Hören von Gottes Stimme gesprochen, aber jede Diskussion über dieses Thema war entweder zu akademisch oder zu geheimnisvoll, um in meinem Kopf praktisch zu werden. Diese neue Gemeinde war anders.

Sie lehrten regelmäßig über die Gaben des Geistes und darüber, dass alle Christen Zugang zu ihnen haben sollten, insbesondere zur Gabe der Prophetie. Meinem Verständnis nach war Gottes Stimme immer auf die Extreme beschränkt, entweder eine dröhnende Stimme aus dem Himmel zu hören oder ein leises inneres Flüstern, das kaum von Intuition zu unterscheiden war. Ersteres passierte immer nur Missionaren in gefährlichen fremden Ländern, die sich in lebensbedrohlichen Situationen befanden, und Letzteres war normalerweise die Domäne von extrem religiösen Kirchenleuten, die eine göttliche Bestätigung für ihre eigenen Wünsche und Ideen haben wollten.

Das Bild, das diese Leiter in der neuen Gemeinde von Prophetie zeichneten, war ganz anders. Für sie hatte Prophetie weitaus mehr Nuancen als nur eine hörbare Stimme oder das sanfte Drängen der Intuition. Visionen konnten so dramatisch und lebendig sein wie ein Hologramm oder so einfach und subtil wie ein einzelnes Bild, das in deiner Vorstellung auftaucht. Gottes Stimme kann so klar wie ein gut eingestelltes Radio zu dir kommen oder als zartes und unhörbares Flüstern in den Tiefen deines Herzens. Er kann durch einen Eindruck, eine Schriftstelle oder eine zufällige Situation sprechen oder indem er einfach ein Wissen direkt in deinen Geist fallen lässt.

Obwohl der skeptische Teil von mir dachte, dies sei zu sehr verallgemeinert und möglicherweise verrückt, traf ein Teil davon mein Herz tief im Innersten. Die Vorstellung, dass Gott, der allmächtige und allwissende Gott, direkt mit mir sprechen wollte, war gleichzeitig zu gut, um wahr zu sein, und zu gut, um es nicht zu sein. Obwohl nichts von dem, was sie lehrten, genau meine Erfahrung beschrieb, gab es eine Ähnlichkeit, die ich nicht einordnen, aber auch nicht leugnen konnte.

Das gab mir genug Mut, um meinen Eltern das ganze Ausmaß dessen zu erzählen, was ich erlebte. Sie brachten mich zu einigen prophetischen begabten Menschen in der Gemeinde, und zum ersten Mal hörte ich von einer Gabe, die sie „Sehen im Geist“

nannten. Und innerhalb einer Woche hörten die nächtlichen Schrecken vollständig auf.

Damals war ich mir nicht sicher, warum sie aufhörten. Ich erzählte jemandem die Wahrheit über das, was ich erlebte, erfuhr, dass Gott mit mir reden wollte, und entdeckte, dass die Dinge, die ich sah, nicht nur ein Angriff waren, sondern die Folge einer Gabe, mit der ich noch nicht gelernt hatte, umzugehen. Etwas von diesen Dingen hatte die Tür der Angst geschlossen, die drei Jahre lang offen gestanden hatte. Ich war mir nicht sicher, warum oder wie, aber das war mir zu diesem Zeitpunkt egal; ich war einfach nur froh, dass sie geschlossen war.

*****

Meine Erinnerungen an die darauffolgenden Wochen haben sich im Laufe der Jahre vermischt, sodass ich sie jetzt als eine lange Fotomontage abrufen kann. Jeden Tag nahm ich mir die Zeit, besonders aufmerksam zu sein, wenn ich einen Engel oder Dämon sah. Ich notierte mir, was sie trugen, was sie taten und was dies über ihre Absichten und Ziele aussagte. *Manche Engel tragen lange, farbenfrohe Gewänder und tanzen und singen, sobald ein Anbetungslied erklingt; das müssen also Anbetungsengel sein. Andere Engel tragen Rüstungen und haben Waffen bei sich; das müssen dann Schutz- oder Kriegerengel sein. Dieser Dämon da hat übergroße Augen, die ständig in paranoiden kleinen Mustern umherschwirren; das muss ein Dämon der Angst oder der Sorge sein.*

Vieles von dem, was ich sah, machte Sinn. Die Dinge sahen so aus, wie sie waren – zumindest schien es so – aber nicht alles, was ich sah, war so intuitiv. Eines Tages, als unser Pastor für eine Gruppe von Menschen betete, sah ich einen orangefarbenen, rötlichen und bläulichen Lichtfleck im Raum auftauchen, der teilweise fest, teilweise gasförmig und an manchen Stellen vielleicht sogar etwas flüssig war. Er rauschte durch die Gruppe von Menschen und wirbelte wie eine halbfeste, fast gasförmige Flüssigkeit um sie herum. Er bewegte sich zwei oder drei Mal durch sie hindurch und schwebte dann plötzlich aus einem hohen Fenster.

Das war so abstrakt und seltsam, dass ich nicht einmal ansatzweise erahnen konnte, was es bedeutete oder was ich dagegen tun sollte. Waren das die Gebete des Pastors? War es die Gegenwart des Heiligen Geistes? War es eine Art geistlicher Schutt, der von einem geistlichen Wind umhergeweht wurde? Keiner dieser Gedanken erschien sinnvoller als die anderen.

Vieles von dem, was ich sah, machte intuitiv Sinn, aber genauso viel war abstrakt und verwirrend. Wann immer es mir sinnvoll erschien, teilte ich die Dinge, die ich sah, unserem Pastor mit. Er war immer höflich, aber ich merkte, dass ihn das, was ich sah, genauso oft verwirrte wie mich.

Am Anfang fand ich das gar nicht so enttäuschend. Ich lernte immer noch so viel darüber, wie ich mit dieser Gabe umgehen sollte. Als ich jünger war, schien es kein Schema zu geben, wann ich im Geist sehen konnte und wann nicht. Das Sehen im Geist lag so weit außerhalb meiner Kontrolle wie das Wetter. Es kam und ging, wie es wollte. Aber jetzt, wo ich so oft geübt hatte, hatte ich das Gefühl, dass ich mehr Kontrolle darüber hatte, wann ich sah und wann nicht.

Schon bald war es nicht mehr anders, als durch ein Fenster zu schauen. Du kannst direkt durch das Glas auf die Bäume oder Gebäude – oder was auch immer sich draußen befindet – schauen, oder du kannst dich auf das Glas selbst konzentrieren, wo du jede Menge Wasserflecken, Staubpartikel oder (wenn du bei mir zu Hause bist) kleine Handabdrücke aus vertrockneter Marmelade finden wirst. Beide Schichten sind immer da, aber du kannst dich auf die eine oder die andere konzentrieren. Nach ein paar Monaten war das Sehen im Geist genauso einfach. Es dauerte jedoch viel länger, bis ich lernte, die Dinge, die ich sah, zu deuten.

Mein erster richtiger Durchbruch kam nach ein paar Monaten konsequenter Übung. Ich saß vorne in unserer Kirche, neben meinen Eltern, und fühlte mich ein wenig gelangweilt. Ankündigungen über Frauenfrühstücke sind für die meisten zwölfjährigen Jungen nicht gerade das spannendste Thema, also nutzte ich die Gelegenheit, um zu sehen, was im Geist passierte.

Drei Engel, die fließende türkisfarbene Gewänder trugen, standen an einer Seite der Bühne. Sie hatten während des

Gottesdienstes im ganzen Raum herumgetanzt, also nahm ich an, dass sie auf ein Lied warteten, das später im Gottesdienst gespielt werden sollte.

Ein paar Dämonen standen zusammengekauert in einer entfernten Ecke. Sie waren klein, knochendürr und dunkelgrau, und jede ihrer Bewegungen war wackelig und instabil, fast so, als wären sie krank. Sie waren vor Beginn des Gottesdienstes umhergelaufen und hatten ihre spindeldürren Hände ausgestreckt, wenn Leute vorbeigingen, und nach ihren Beinen gegriffen. Ich war mir nicht sicher, was sie genau vorhatten, nur dass sie nach einer Gelegenheit suchten, etwas anstellen zu können, und nach jeder Person griffen, um zu sehen, ob sie einen Halt finden konnten. Sie waren alle in die Ecke gesprintet, sobald der erste Ton des Gottesdienstes durch den Altarraum schallte.

Es gab noch etwa ein Dutzend andere geistliche Dinge an verschiedenen Stellen des Raumes, aber keines davon stach so hervor, dass es meine Aufmerksamkeit erregte – bis mein Blick auf einem Engel weit vorne im Raum landete.

Ich hatte den Engel jede Woche gesehen, seit wir in diese Kirche kamen. Er stand immer an der gleichen Stelle, gleich neben dem vorderen Eingang. Er war mittelgroß, trug eine tadellos gepflegte, silberne Rüstung, hielt einen Speer in der rechten Hand und hatte einen kurzen, graumelierten Bart. Er sah aus, als wäre er Mitte fünfzig. (Ich bin mir nicht sicher, ob ein Engel tatsächlich Mitte fünfzig sein oder überhaupt ein *er* sein kann, aber so sah er aus).

Ich starrte ihn einen langen Moment lang an. Er stand unbeweglich da und starrte in die Ferne. Alles an seiner Haltung und seinem Aussehen erinnerte mich an einen Wächter. Oberflächlich betrachtet schien der Zweck dieses Engels offensichtlich zu sein: Er ist ein Wächter, der an der Tür steht und uns beschützt vor ... was genau?

Ich drehte mich um und schaute auf die kleine Gruppe von zitternden Dämonen in der Ecke. Wenn es eine Wache gab, wie sind die Dämonen dann reingekommen? Ich hatte sie nicht kommen sehen. Haben sie sich durch ein Fenster eingeschlichen? Müssen sich Dämonen durch Fenster einschleichen? Sind sie direkt an dem Engel vorbeigelaufen? Und was würde der Engel überhaupt tun, um die Dämonen aufzuhalten? Würde er sie schlagen? Würden sie sich wehren? Würde es zu einem Kung-Fu-Kampf in der Luft kommen, von dessen Ausgang abhängt, ob Gottes Pläne oder die des Teufels aufgehen? Außerdem, wozu gab es überhaupt einen Wächter? Gott ist doch unser Beschützer, oder? Welchen zusätzlichen Schutz bietet ein Engel? Wie umfangreich dieser Schutz auch sein mag, wäre er angesichts der Macht des allmächtigen Gottes nicht überflüssig?

Während ich all diese Fragen in meinem Kopf hin und her wälzte, hatte ich plötzlich eine Vision. In den vergangenen Monaten hatte ich viel über Visionen gelernt. Eine Vision kann offen sein, wie der Engel, den ich mit meinen physischen Augen sah, aber sie kann auch innerlich sein, eine plötzliche göttliche Projektion auf die Leinwand deiner Vorstellungskraft. Dies war das Letztere.

Eine kleine Geschichte ging mir durch den Kopf, wie die Erinnerung an einen kurzen Film, den ich nie gesehen hatte. Ich sah zwei benachbarte Königreiche. Der König des einen Königreichs schickte einen Botschafter in das fremde Königreich. Mit diesem Botschafter schickte er eine kleine Ehrengarde, etwa fünfzig Soldaten. Sie gingen mit dem Botschafter die Straße entlang, aber als sie in das fremde Königreich kamen, sah ich, dass viele Hunderte von Soldaten entlang der Mauern stationiert waren, die ihre Stadt umgaben, und im Inneren waren es noch Hunderte mehr.

Hätte die ausländische Armee beschlossen, den Botschafter anzugreifen, hätte die Ehrengarde sie auf keinen Fall aufhalten können. Warum wurde die Ehrengarde überhaupt geschickt? Vielleicht sollten sie den Botschafter nur beschützen, während er auf dem Weg zwischen den Königreichen war. Trotz des intuitiven Sinns, den das machte, wurde mir sofort klar, dass diese Garde einem viel größeren Zweck diente.

Die Anwesenheit der Garde diente nicht nur dem praktischen Schutz, sondern war auch ein Statement. Der König, der den Botschafter geschickt hatte, sagte allen im fremden Königreich und allen, denen der Botschafter auf seinem Weg begegnete: „Meine Macht steht hinter dieser Person."

Nachdem mir das durch den Kopf gegangen war, drehte ich mich um und betrachtete den Engel in der silbernen Rüstung erneut. Nichts an ihm sah anders aus als vorher, aber ich sah plötzlich jedes Detail in einem anderen Licht. Der tadellose Zustand seiner Rüstung zeugte von der Sorgfalt, mit der er die ihm übertragene Aufgabe erfüllte, und von der Hingabe, die er demjenigen entgegenbrachte, der sie ihm übertragen hatte. Die Beständigkeit seiner Haltung, der Anschein des Alters – all diese Details zeichneten ein reichhaltiges und nuanciertes Bild von dem Wert, den Gott dem Geschehen in diesen Mauern beimaß. Es vermittelte eine gewisse Wertschätzung, dass Gottes Schutz und Gegenwart an diesem Ort bleiben würden. Die Entsendung eines engagierten Dieners, der dort ebenfalls residieren sollte, war nicht überflüssig, sondern vertiefte den Ausdruck der Wertschätzung.

Das war das erste Mal, dass ich wirklich das Gefühl hatte, etwas *zu verstehen*, was ich sah. Und obwohl ich es damals nicht so hätte beschreiben können, war es das erste Mal, dass ich merkte, dass ich nicht nur lernte, wie man eine Gabe benutzt, sondern dass ich eine neue Sprache lernte.

Kapitel 2

Die Sprache des Himmels, Teil 1

Die Sprache ist eines der wertvollsten Geschenke, die uns gegeben wurden. Die Fähigkeit, die Gedanken einer anderen Person durch einen einfachen Austausch von Lauten oder eine Reihe von Buchstaben, die in einem Muster angeordnet sind, zu verstehen – wow. Sprache ist ein Teil des täglichen Lebens eines jeden Menschen. Deshalb kann es leicht passieren, dass man nur oberflächlich etwas über Sprache versteht, ohne sich der unglaublich komplexen Leistung bewusst zu werden, an der wir alle beteiligt sind.

Schauen wir uns ein Beispiel an. Es wird eine Minute dauern, aber vertrau mir bitte – Sprache zu verstehen ist einer der wichtigsten Schlüssel zum Verständnis der geistlichen Welt und der Art, wie wir sie erleben.

Jemand kommt auf dich zu und sagt: „Du siehst heute aber cool aus!"

Das ist ein einfacher Satz. Ja, es steckt ein Stück Slang darin, *cool*, aber dieses Wort gibt es schon relativ lange und seine Definition hat sich kaum verändert. In vielen englischen Wörterbüchern gibt es etwa sieben verschiedene Definitionen für das Wort *cool*, aber die meisten von euch haben es wahrscheinlich ähnlich verstanden, wenn man den Kontext der anderen Wörter betrachtet. Du hast es wahrscheinlich als *sehr gut* oder *hip bzw. modisch* verstanden.

Wie verändern sich die Nuancen dieses einen Wortes, je nachdem, wer es sagt? Welche feinen Unterschiede würdest du hören, wenn ein fünfundsechzigjähriger Jazzmusiker dieses Wort zu dir sagt oder ein fünfzehnjähriges Mädchen mit rosa Haaren und einem Crop-Top? Das gleiche Wort würde etwas Ähnliches und gleichzeitig etwas völlig anderes bedeuten. Außerdem macht es auch einen großen Unterschied, zu wem es gesagt wird. Bist du ein fünfzigjähriger Versicherungsvertreter, wirst du das gleiche Wort von diesen beiden Menschen anders aufnehmen als eine fünfunddreißigjährige Mutter von drei Kindern.

Selbst wenn du nur die Version dieses Kompliments für ein fünfzehnjähriges Mädchen nimmst und dir vorstellst, wie ein zwölfjähriges Mädchen, ein anderes fünfzehnjähriges Mädchen oder ein fünfzehnjähriger Junge es erleben würden, kannst du sehen, dass sich die zugrunde liegende Erfahrung und Bedeutung dramatisch verändert, je nachdem, wer es hört.

All diese Varianten gibt es, ohne dass wir uns mit all den anderen Nuancen befassen, die sich aus dem Tonfall, der Körpersprache und dem weiteren Kontext ergeben, wo und wann dieser Satz gesagt wird.

Dieses Beispiel zeigt uns drei wichtige Dinge, die wir in Zukunft wissen müssen:

1. Sprache ist weit mehr als die Summe aller Wörter in einem Wörterbuch. Sie ist unglaublich vielschichtig und tiefgründig.
2. Sprache wird sowohl von unserer persönlichen Kultur und Geschichte als auch von der Kultur und Geschichte der Welt um uns herum geformt und ständig beeinflusst, im Großen wie im Kleinen.
3. Trotz all dieser Komplexität sind wir wirklich gut darin, Sprache zu verstehen.

Auch wenn wir mehrere Absätze gebraucht haben, um einige sprachliche Feinheiten rund um ein einziges Wort aufzuschlüsseln, hättest du, wenn du dich in einer dieser Situationen befunden hättest, all diese Details und noch viele mehr fast augenblicklich interpretieren können. Auch wenn du vielleicht kein fünfzehnjähriger Junge, keine Mutter von drei Kindern oder kein Versicherungsvertreter bist, konntest du dir wahrscheinlich sofort vorstellen, wie sie eines der von mir aufgeführten Szenarien erleben würden. Du bist für Sprache geschaffen.

Die geistliche Welt verstehen zu lernen, ist nicht nur *wie* das Erlernen einer Sprache; es *ist das* Erlernen einer Sprache, der Sprache des Himmels. Wenn ich von der Sprache des Himmels spreche, meine ich nicht nur eine Art zu sprechen, sondern die Sprache des Himmelreichs, also Kommunikation, die seiner Geschichte und Kultur entspringt, die wiederum ihren Ursprung im Herzen und Verstand Gottes haben und in Jesus Christus perfekt zum Ausdruck kommen.

Eine solche Sprache zu lernen, mag wie ein hochgestecktes, ja sogar unmögliches Ziel erscheinen. Selbst die Behauptung, dass Gott ein Herz und einen Verstand hat, bedeutet ja, dass man seinem Wesen Grenzen setzt, die vielleicht völlig unangebracht sind. Das ist die Gegensätzlichkeit der Beziehung, in die Gott uns aufgenommen hat. Er hat uns eingeladen, das Unbekannte kennenzulernen, in enger Verbundenheit mit ihm zu leben, der höchst heilig ist, und endliche Ebenbilder eines unendlichen Wesens zu sein.

Um in diesem Bereich erfolgreich zu sein, müssen wir bereit sein, uns zu demütigen und Gott zu erlauben, uns seine Sprache zu offenbaren. Sprache entsteht aus der Kultur und der Geschichte. Wir lernen nicht nur die richtigen Worte. Wir lernen nicht nur eine Liste von Engelsassoziationen auswendig (Rüstung = Kriegerengel, tanzen = Anbetungsengel, gelb = Freude, lila = königlich und so weiter). Wir lernen eine Kultur und eine Geschichte kennen.

Um zu verdeutlichen, wie eng Sprache mit Kultur und Geschichte verbunden ist, möchte ich dir kurz von einer Sprache der australischen Ureinwohner erzählen, die Guugu Yimidhirr genannt wird. In dieser Sprache gibt es keine Wörter für *links* und *rechts*. Stattdessen beschreiben sie alle Orientierungen in Bezug auf die Himmelsrichtungen: Norden, Süden, Osten und Westen. Ein Sprecher dieser Sprache würde also nicht sagen: „Der Mann, der rechts von dir steht“, sondern: „Der Mann, der östlich von dir steht.“ Wenn er auf ein bestimmtes Fenster in einem Raum hinweist, würde er sagen: „Das Fenster im Norden.“ Gibt man einem Autofahrer Anweisungen, sagt man z. B.: „Biege hier nach Westen ab“, anstatt: „Biege rechts ab.“

Das mag wie eine viel kompliziertere Art zu kommunizieren erscheinen, ist es aber nicht. Die Sprache neigt von Natur aus dazu, sich in Richtung Effizienz zu entwickeln (daher all die Reduzierungen in diesem Buch, die meine grammatikalisch orientierten Freunde vielleicht sehr stören). Es mag uns nicht effizient erscheinen, die Richtung auf diese Weise zu beschreiben, aber wir dürfen nicht vergessen, dass die Sprache aus der Geschichte und der Kultur hervorgegangen ist.

Die Sprache der Guugu Yimithirr hat sich in einer Kultur entwickelt, in der Orientierungssinn einen hohen Stellenwert hatte und gebraucht wurde. Die Entwicklung eines Orientierungssinns war sowohl für das Überleben als auch für den Erfolg wichtig. Das Wissen um die Richtung wird ihnen von klein auf so tief eingeimpft, dass es für sie weniger effizient wäre, die Dinge in Begriffen wie links und rechts zu denken.

Es gibt Hunderte von großen und kleinen Beispielen für diese Art von Phänomenen in allen menschlichen Sprachen, aber ich überlasse es dir, sie auf eigene Faust herauszufinden, wenn du willst. Im Moment ist es nur wichtig, dass du verstehst, dass Kultur und Geschichte die Sprache prägen.

Codebücher

Dieser Gedanken einer Sprache des Himmels ist wichtig, denn es gibt mehr als einen Dialekt, den wir wählen können, wenn wir lernen, die geistliche Welt zu verstehen. Diese Dialekte haben ihre eigenen Codebücher, Standardinterpretationen und ihr gemeinsames Wissen, die alle einen großen Einfluss darauf haben können, wie wir die geistliche Welt erleben.

Ich erhalte die unterschiedlichsten Reaktionen, wenn ich erzähle, dass ich dreieinhalb Jahre lang von Dämonen geplagt wurde, und jede Reaktion ist ein starker Hinweis auf die Art von Dialekt und Codebuch, die die Person für das Dämonische hat.

Manche sagen: „Du musst irgendeine Tür geöffnet haben. Gab es Sünde in deinem Leben? Hast du zu viele dämonische Filme gesehen?"

Das Codebuch dieser Leute geht davon aus, dass dämonische Angriffe nur durch persönliche Schuld entstehen können. Zwischen meinem neunten und zwölften Lebensjahr habe ich eine sehr durchschnittliche Anzahl von Sünden begangen. Ich habe kaum jemals auch nur halbwegs gruselige Filme gesehen, weil meine Eltern sehr darauf geachtet haben, was sie mich sehen ließen, und weil meine nächtlichen Erfahrungen alles, was Angst machen sollte, sofort unattraktiv machten. Unter diesem geistlichen Dialekt könnte ich leicht zu der Überzeugung gelangen, dass jede dieser Sünden oder sogar jede beliebige Sünde ausreicht, um mein Leben für einen vollen dämonischen Angriff zu öffnen. Vielleicht ist das so, aber es scheint dem Evangelium nicht sehr viel Kraft zu geben.

Andere fragen: „Gab es in deiner Nachbarschaft Hexen? Oder Freimaurer, Hippies, Hindus, Hellseher, New Agers oder Leute, die *Dungeons & Dragons* spielen?"

Dieses Codebuch kommt aus einer Sichtweise, in der böse dämonische Mächte aus allen Richtungen umherschleichen und nur die kleinste Einladung brauchen, um in dein Leben zu schlüpfen und Schaden anzurichten. Auch wenn ich nicht ganz sicher sein kann, dass meine Nachbarn keine Hexen waren (es gab eine Frau, die mich immer böse anschaute, aber ich glaube, das hatte eher damit zu tun, dass ich auf dem Weg nach Hause immer mit dem Fahrrad über ihren Rasen fuhr), nimmt dieser geistliche Dialekt mir fast die gesamte Autorität aus den Händen und beunruhigenderweise auch aus den Händen Gottes, und legt sie in die Hände des Feindes und derer, die ihm dienen. Das scheint die Art von geistlichem Dialekt und Codebuch zu sein, die dem Teufel gefallen würde.

Die andere häufige Reaktion, wenn die Leute meine Geschichte hören, ist: „Es lag wohl daran, dass du eine so große Begabung und Berufung auf deinem Leben hast, dass der Feind versucht hat, sie zu zerstören."

Dieses Codebuch bringt in mancher Hinsicht die meisten Probleme mit sich. Es entspringt einer Weltanschauung, in der es dem Teufel erlaubt ist, dich entsprechend dem anzugreifen, wozu Gott dich beruft und segnet. Das führt entweder zu einem Szenario, in dem du dich bedeckt hältst und die Gaben und Berufungen Gottes meidest, um Schmerzen zu vermeiden, oder zu einer Denkweise, die die Angriffe des Feindes erwartet und akzeptiert und davon ausgeht, dass „höhere Ebenen (der Berufung) immer höhere Teufel haben". Wir alle stehen vor Herausforderungen, besonders wenn wir wachsen, aber diese haben oft mit unserem eigenen Charakter und unserer Reife und dem Charakter und der Reife der Menschen um uns herum zu tun. Wenn wir von diesem Codebuch ausgehen, kann das unser Wachstum sabotieren, indem wir die Auswirkungen unseres Charakters auf dämonische Angriffe schieben oder das Fehlverhalten anderer auf etwas rein Dämonisches zurückführen und damit unsere Fähigkeit zunichtemachen, ihnen bei ihrem Wachstum zu helfen und das Gold in ihrem Leben hervorzubringen.

Diese Dialekte und Codebücher sind nicht alle falsch. Jedes enthält Elemente, die wahr sind, aber die meisten drehen sich um eine bestimmte Überzeugung oder Erfahrung, die vielleicht nicht ganz korrekt ist.

Hier ein praktisches Beispiel dafür, wie das in der normalen Alltagssprache funktioniert: Eines Tages, nicht lange nachdem meine Frau und ich geheiratet hatten, kam sie zur Tür herein und setzte sich an den Küchentisch. Ich saß auf der Couch und stieß einen schweren Seufzer aus.

„Was ist denn?", fragte sie und drehte sich um, um mich anzuschauen.

„Was ist denn mit was?", sagte ich, verwirrt von ihrer plötzlichen Reaktion.

„Sag schon, was los ist!" Sie wurde verzweifelter.

Ich hatte plötzlich den Eindruck, dass ich gerade in einen Raum voller offener Bärenfallen geraten war. „Äh ... Ich weiß nicht."

„Warum bist du sauer?"

„Ich bin nicht sauer!"

„Doch!"

Das ging etwas länger, als es hier nötig ist, auszuführen, aber schließlich kamen wir der Lösung auf die Spur. Als meine Frau aufwuchs, atmete ihr Vater schwer aus der Nase, wenn er sich über etwas ärgerte. Dieses kleine Stück Sprache hatte sich zu einem Codebuch entwickelt, das den Eindruck erweckte, mein Seufzen sei ein Zeichen dafür, dass ich verärgert war. Diese Sprache war so stark im Kopf meiner Frau verankert, dass es ihr schwerfiel zu glauben, dass ich nicht wütend war, selbst als ich ihr das Gegenteil sagte.

Codebücher sind mächtige Dinge. Stell dir eine Sekunde lang vor, du hättest dir die Hand verbrannt, als du sie auf eine rotglühende Pfanne gelegt hast. Wenn dir der kulturelle und historische Kontext fehlt, kannst du dir leicht vorstellen, wie du wilde Missverständnisse über diese Erfahrung entwickeln könntest. Du könntest davon ausgehen, dass alles, was diesen rötlichen Farbton hat, gefährlich ist, und für den Rest deines Lebens alle orangen und roten Dinge meiden. Du könntest annehmen, dass die Pfanne das Problem war und dich von allen Töpfen und Pfannen fernhalten. Du könntest annehmen, dass der Schmerz eine Strafe für etwas ist, das du an diesem Tag getan hast.

Diese Beispiele sind albern, ich weiß, aber es ist wichtig zu erkennen, dass sie nur deshalb albern sind, weil du bereits über das kulturelle und historische Verständnis verfügst, das den Grund für deine hypothetisch verbrannte Hand deutlich macht. Ohne ein klares Verständnis und eine Fülle von persönlichen Erfahrungen mit der Geschichte und Kultur des Himmels sind die Annahmen, die wir über die geistliche Welt machen, genauso albern.

Ich glaube, der Grund, warum ich so lange unter dämonischen Angriffen gelitten habe, ist einfach: Ich hatte ein geistliches Codebuch, das dies zuließ. Es war subtil und nicht beabsichtigt, aber es war da, und ich habe es dir bereits mitgeteilt. Ich war davon überzeugt, dass ich entweder den Verstand verliere oder der Teufel beschlossen hatte, mein Leben zu ruinieren.

Dieses einfache Stück Überzeugung war die offene Tür. Etwas Dämonisches brachte Angst in mein Leben, und ich glaubte, dass es das durfte.

Überzeugungen sind eine komische Sache. Wir denken oft, dass sie etwas sind, das wir absichtlich tun, und das trifft auf einige Überzeugungen zu, aber die meisten sind viel subtiler als das. Jede Nacht erlebte ich Angst und sah schreckliche Dinge. Ich weiß nicht mehr, ob es eine Woche, einen Monat oder ein Jahr dauerte, aber schließlich schuf meine Erfahrung mit der Angst ein Codebuch: Ich verliere entweder meinen Verstand oder der Teufel hat beschlossen, mein Leben zu ruinieren. Ich kannte die biblische Wahrheit, die das Gegenmittel für diese Überzeugung war, aber meine Erfahrung sprach lauter zu mir als die Wahrheit. Ich brauchte Erfahrung, um meine Überzeugung zu ändern. Ich brauchte Erfahrung, um überhaupt zu erkennen, dass ich aus einer Überzeugung heraus handelte.

Der Wechsel in eine neue Gemeinde und etwas über die prophetische Gabe zu lernen, lösten eine Reihe von Erfahrungen aus, die mein Codebuch veränderten: Ich erfuhr, dass Gott mit mir reden wollte – eine konkrete und persönliche Erfahrung mit seiner Liebe. Ich erzählte meinen Eltern, was passierte – eine heilsame Freisetzung der Annahme und des Trostes, die ich mir selbst verwehrt hatte, indem ich meinen Schmerz verbarg. Ich sprach mit Leitern der Gemeinde über das, was vor sich ging, und lernte etwas über eine Gabe – ein Verständnis für meine Identität und Bestimmung, das mich freisetzte. Das schuf Platz für eine neue Überzeugung, einen neuen geistlichen Dialekt und ein überarbeitetes Codebuch: Vielleicht habe ich ja eine Gabe, die ich noch nicht richtig zu nutzen gelernt habe. Und dieses neue Codebuch hat meine Erfahrung völlig verändert.

Dies ist nur ein Beispiel dafür, wie sehr unser geistlicher Dialekt und unsere Codebücher unsere Auffassung der geistlichen Welt beeinflussen können. Das ist der Grund, warum wir die Sprache des Himmels erlernen wollen. Wir wollen keinen Dialekt, der auf einer irdischen, menschlichen Perspektive beruht. Und schon gar nicht wollen wir einen Dialekt, der auf einer dämonischen Perspektive beruht. Stattdessen müssen wir demütig, geduldig und konsequent die Perspektive des Himmels anstreben. Nur so werden wir die Sprache des Himmels jemals verstehen.

Die Sprache des Himmels zu lernen ist ein lebenslanges Unterfangen. Um sie gut und genau zu lernen und zu erkennen, wo unsere Vorurteile und falschen Vorstellungen uns in die Irre führen, müssen wir in die Kultur und Geschichte des Himmels eintauchen.

Jede Sprache lernt man am besten, indem man in die Kultur eintaucht, aus der sie stammt. Nur so entdeckst du all die kleinen Nuancen, die du nicht in einem Wörterbuch finden kannst.

Der Rest dieses Buches wird eine Übung im Eintauchen sein. Ich werde Geschichten über das Sehen in der geistlichen Welt erzählen und mir die Zeit nehmen, einige sprachliche Feinheiten zu besprechen, während ich versuche, ein breiteres und tieferes Bild davon zu zeichnen, wie alles zusammenhängt. Bitte lies diese Geschichten nicht einfach nur durch und nimm sie für bare Münze, sondern achte auf die Sprache.

Bevor wir eintauchen, noch zwei kurze Dinge:

1. Die Sprache des Himmels versteht man am besten, wenn man ganz in sie eintaucht, und dieses Buch reicht nicht annähernd dafür aus. Hundert Bücher wären auch nicht genug. Du brauchst Menschen um dich herum, die diese Sprache ebenfalls lernen, eine ganze Gemeinschaft von ihnen. Die Menschheit ist nicht für die Isolation geschaffen worden. Wenn du dieses Buch liest und dann losziehst und versuchst, den Rest selbst herauszufinden, garantiere ich dir, dass du am Ende ein ungenaues Codebuch haben wirst. Wir brauchen die Reibung von Beziehungen, um die zerklüfteten Stellen in unserem Leben zu beseitigen. Die Sprache des Himmels zu lernen, ist da keine Ausnahme.
2. Du brauchst eine Beziehung zur Bibel. Das ist keine „Du solltest deine Bibel lesen, mein Lieber"-Botschaft, die mit dem Finger wedelt. Ich bin sogar der Meinung, dass das Bibellesen aus reiner Pflicht heraus dem Erlernen der Sprache des Himmels oft abträglich ist. Aber du musst die Geschichte und die Kultur der Sprache kennen, die du lernst, und nirgends findest du mehr davon. Ich weiß, dass nicht jeder dazu geschaffen ist, ein Theologe zu sein, aber ich denke, dass wir alle die Verantwortung haben, das Niveau an Erkenntnis anzueignen, für das wir geschaffen sind, und von denen zu lernen, die in diesem Bereich begabt sind.

Also gut, jetzt höre ich auf, große Reden zu schwingen; lass uns lieber durch den Garten spazieren.

Ach ja, noch etwas: Diejenigen unter euch, die meine früheren Bücher gelesen haben, werden vielleicht bemerken, dass sich einige dieser Geschichten daraus wiederholen. Das liegt daran, dass manche dieser Geschichten sehr hilfreiche Beispiele für die Sprache des Himmels enthalten und die Ziele dieses Buches durch ihre Einbeziehung besser erreicht werden. Auch wenn du sie vielleicht schon kennst, möchte ich dich ermutigen, sie trotzdem durchzulesen. Du wirst sie in diesem Rahmen, in dem wir die Sprache Gottes erlernen wollen, anders verstehen. Ich habe sie auch mit zusätzlichen Details und mehr Informationen darüber versehen, als ich sie damals verstanden habe. Leider ist es unpraktisch, jedes Detail über die Dinge, die ich sehe, einzuschließen. Das ist eine Realität, die mich schon immer gestört hat, deshalb freue ich mich, dass ich die Möglichkeit habe, diesen Geschichten mehr Tiefe hinzuzufügen.

Kapitel 3

Parks und Sport

Gestern Morgen beschloss ich, Sport zu treiben. In der Nähe meines Hauses gibt es einen Park mit einem Wanderweg um einen kleinen See, der mir eine gute Möglichkeit zu bieten schien, endlich körperlich total fit zu werden und mein Leben lang auch zu bleiben. Ich kramte meine unbenutzten Laufschuhe hervor, zog mir ein paar abgenutzte Basketballshorts an, suchte mir geeignete Musik dazu aus und fuhr zum Park.

Am Anfang rannte ich, verlangsamte dann aber zu einem Jogging, das schließlich in einen Spaziergang überging, und das alles, bevor ich meine erste Runde um den See beendet hatte. Ich verbrachte ein paar Minuten mit Selbstverachtung und spürte, wie die Flamme der Inspiration, die zu der lebensverändernden Entscheidung an diesem Morgen geführt hatte, in meinem Herzen flackerte und erlosch. Dann fragte ich mich, ob es wohl Eisdielen gibt, die schon morgens um 8.15 Uhr geöffnet haben, als eine Frau an mir vorbeirannte.

Sie war die typische Joggerin: Pferdeschwanz, schwarzes Tanktop mit einem zum Trikot passenden Stirnband. Ihr Engel lief in perfektem Schritt neben ihr her und hatte einen schwarzen Trainingsanzug an. Der Engel sah fast genauso aus wie die Frau, mit der er lief: gleiche Haare, gleiche Größe, ähnliches Gesicht. Ich hätte gedacht, es wäre ihre Zwillingsschwester, wenn er nicht teilweise durchsichtig gewesen und genauso oft in der Luft wie auf dem Boden gelaufen wäre.

Alle paar Minuten sprang und hüpfte der Engel in einer kleinen Kreisbahn um die Frau herum, wedelte wie wild mit den Armen und rief aufmunternde Worte. Ich konnte nicht hören, was der Engel sagte, und es auch nicht von seinen Lippen ablesen, aber alles an seinem Gesichtsausdruck zeugte von vorbehaltloser und aufrichtiger Freude.

Ein paar Augenblicke später lief ein Mann an mir vorbei. Er war so fit wie nur möglich. Seine Muskeln hatten Muskeln. Er sah so aus, wie ich erwartet hatte, nach zwei oder drei Wochen Training auszusehen, als ich an diesem Morgen mein Fitnessprogramm begonnen hatte. Ein Dämon jagte hinter ihm her. Dieser war aschgrau, hatte lange, knochige Beine und stocherte mit einem langen Eisenstachel am Rücken des Mannes herum.

Der Engel des Mannes flog an meinem Ohr vorbei. Er hatte goldene nach hinten gebogene Flügel und ein glänzendes Schwert in der Hand. Er schlug nach dem Dämon und brachte den Eisenstachel aus dem Gleichgewicht. Der Dämon stieß seine Schulter in den Engel und warf ihn zu Boden. Der Engel landete hart, rollte sich ab und sprang dann ohne zu zögern nach vorne, um den Dämon ebenfalls mit der Schulter zu stoßen. Das brachte den Dämon nur leicht ins Straucheln. Der Kampf ging weiter, während der Mann sich seinen Weg um den See bahnte und mich wieder überholte. Der Engel griff unermüdlich an, aber nichts hielt den Dämon länger als ein oder zwei Sekunden davon ab, den Mann zu bedrängen.

Die Frau und der Mann beendeten ihren Lauf im Abstand von ein paar Sekunden; das schien ein Zufall zu sein, da sie nicht miteinander sprachen und zu getrennten Autos gingen. Der Engel der Frau rief ihr immer wieder aufmunternde Worte zu und massierte ihr die Schultern und den Rücken, als sie langsam zum Stehen kam.

Der Dämon ließ den Stachel fallen, als der Mann an seinem Auto anhielt und eine Flasche Wasser aus der Kühlbox in seinem Kofferraum holte. Er presste seine blutroten Lippen auf das Ohr des Mannes und zischte und spuckte so heftig, dass sich Schaum an seinen Mundwinkeln bildete. Auch hier konnte ich nicht hören, was der Dämon sagte, aber jedes Wort wirkte betont und unanständig.

Der Engel verdoppelte seine Anstrengung und schlug mit heftigen, beidhändigen Schlägen nach dem Dämon, aber diese prallten ab, als wäre die Haut des Dämons aus dickem Stahl. Die

Schläge des Engels fielen so hart aus, dass sich sein Schwert verbog. Bald war es so verformt, dass er es zur Seite warf und mit den bloßen Fäusten auf den Dämon einschlug, aber auch das brachte nichts.

Der Engel war stark, sogar noch muskulöser als der Mann, den er zu schützen versuchte, doch seine Schläge bewirkten nichts, während der Dämon dem Mann wütende Worte ins Ohr spuckte. Der Mann zeigte keine erkennbare Miene. Er starrte in die Ferne, nippte an seinem Wasser und wischte sich mit einem Handtuch den Schweiß von der Brust.

Der Engel sah verzweifelt aus. Er versuchte, nicht mehr nur unwirksame Schläge auszuteilen, sondern nach dem Dämon zu greifen und ihn von dem Mann wegzuziehen. Aber als wäre der Dämon mit Fett beschmiert, konnte der Engel ihn nirgendwo festhalten.

Dann klingelte ein Telefon.

Der Mann griff in den Kofferraum, schaute auf das Telefon, seufzte und nahm das Gespräch an. In dem Moment, in dem er auf das Telefon blickte, hörte der Dämon plötzlich auf, heftige Worte zu sprechen. Einen halben Herzschlag später hatte der Engel den Dämon im Griff und riss ihn mit einem perfekten Ringergriff nach hinten. Der Dämon knallte auf den Beton und war nur noch ein Häufchen zerfetzter Knochen. Der Engel zögerte genauso wenig wie bei dem Lauf des Mannes, sprang nach vorne und kickte dem Dämon in die Seite, sodass dieser fünf Meter weit über den Parkplatz flog. Der Engel stürmte wieder vorwärts, angetrieben von seinen mächtigen goldenen Flügeln, und packte den Dämon. Er trug ihn hoch in die Luft, kickte ihn ein paar Mal in der Luft herum, als wäre dieser ein Tischtennisball, und schleuderte ihn dann mit einem mächtigen Tritt über den Rand des Horizonts.

Der Mann setzte sein Telefonat fort, immer noch völlig ahnungslos.

Hier haben wir zwei Menschen, die mehr oder weniger das Gleiche tun: joggen gehen. Doch im Geist geschah etwas ganz Verschiedenes. Die Frau wurde von ihrem persönlichen Engel ermutigt. Ach so ... persönliche Engel, über die haben wir noch gar nicht gesprochen.

Jeder Mensch, dem ich je begegnet bin, hat einen persönlichen Engel, einen Engel, der ihm für sein ganzes Leben zugewiesen ist. Manche Menschen nennen sie Schutzengel, aber sie tun viel mehr, als dich zu beschützen. Sie beten für dich, ermutigen dich, beten Gott an deiner Seite an, dienen dir und wehren Dämonen ab, die dich beim Joggen angreifen wollen. Deshalb nenne ich sie persönliche Engel. Ist das der richtige Name für sie? Ich weiß es nicht, aber ich nenne sie so.

Wie auch immer, die Frau wurde von ihrem persönlichen Engel ermutigt. Der Mann wurde von einem Dämon angegriffen, während sein Engel darum kämpfte, diesen abzuwehren. Schauen wir uns diese Dinge nun einmal etwas genauer an. Wir dürfen dabei wieder nicht vergessen, dass es uns nicht nur darum geht, herauszufinden, was diese Vorkommnisse bedeuten, sondern wir sind dabei, eine Sprache zu lernen. Um dir dabei zu helfen, möchte ich dir erklären, was ich dachte, als ich sah, wie sich diese Dinge entwickelten.

Zuerst sah ich den Engel, der neben der Frau lief. Er passte sich ihrem Schritt an, hatte ein Outfit, das zu dem passte, was die Frau anhatte, und sah ihr sehr ähnlich. Du denkst vielleicht, dass diese Details deutlich machten, dass es sich um ihren Engel handelte, aber so ist es nicht. Manchmal sehen die persönlichen Engel der Menschen genauso aus wie sie selbst, manchmal aber auch ganz anders. Manchmal entsprechen sie in Verhalten und Temperament ihrer Person, und manchmal sind sie das genaue Gegenteil. Trotzdem kann ich selbst in einem Raum mit hundert Menschen fast immer sofort erkennen, welcher Engel zu welcher Person gehört.

Es ist schwer, das anhand eines einzelnes Details festzumachen, da es eher das Ergebnis von tausend kleinen Details zu sein scheint. Ihre Aufmerksamkeit, Haltung und Bewegungen sind so auf ihre Person ausgerichtet, dass man eine vielfältige Form von Ehrerbietung und Fürsorge erkennen kann. Keiner dieser Vergleiche ist ganz richtig, aber man kann es mit dem vergleichen, wie sich frisch verheiratete Paare in der Öffentlichkeit zueinander verhalten, oder wie sich ein Kleinkind in einem Raum daran orientiert, wo seine Mutter steht. Es ist schwer zu sagen, woran man genau erkennt, dass diese Dinge zusammengehören, aber es ist auch nicht zu leugnen. So ist es auch mit persönlichen Engeln.

Dass der Engel dieser Frau sie ermutigte, war nicht überraschend; ich sehe ständig Engel, die das tun. Was mir auffiel, war, dass dieser Engel sich besonders über die Tatsache zu freuen schien, dass die Frau joggte.

Ich habe Sport noch nie als eine besonders geistliche Aktivität angesehen. Natürlich ist es irgendwie darin enthalten, dass wir „alles für den Herrn" tun sollen. Aber ist die Aktivität selbst geistlich? Wenn ja, ist sie geistlich, weil sie gut für deinen Körper ist und weil gesunde Entscheidungen auch gute geistliche Entscheidungen sind? Vielleicht. Aber diese Logik erscheint mir etwas zu erzwungen. Ist es nur geistlich, wenn es „für den Herrn" getan wird? Wenn ja, wie stellst du sicher, dass du es für den Herrn tust? Betest du, während du es tust? Beendest du deinen Lauf mit den Worten: „Ich möchte meinem Herrn und Retter Jesus Christus danken", so wie es manche Football-Spieler am Ende eines Spiels tun?

Ich hatte auf keine dieser Fragen eine gute Antwort, und es schien, als sei jede meiner Antworten nur Stückwerk, aber der Mann rannte an mir vorbei, bevor ich Zeit hatte, mir ein vollständiges Bild zu machen.

Ich sehe immer wieder, wie Dämonen Menschen angreifen. Wenn Leute das hören, jagt es ihnen normalerweise große Angst ein, aber es ist eigentlich gar keine so schlimme Sache. Ich glaube, es macht den Leuten Angst, weil die meisten von uns eine Vorstellung von Dämonen haben, die durch eine schlechte Erfahrung in unserer Vergangenheit, eine schlechte Erfahrung, die wir von anderen gehört haben, oder durch Filme geprägt wurde. Letzteres mag albern erscheinen, aber es hat eine viel größere Auswirkung, als du vielleicht denkst. Die Zahl der Menschen, die zu Therapeuten und Pastoren gegangen sind, weil sie glaubten, von einem Dämon besessen zu sein, stieg nach dem Erscheinen des Films *Der Exorzist* sprunghaft an. Jedes Mal, wenn ein Film mit einer ähnlichen Thematik an Popularität gewinnt, gibt es einen solchen Anstieg der gemeldeten dämonischen Angriffe. Ich will damit nicht sagen, dass diese Filme dämonische Angriffe im direkten Sinne verursachen (Dämonen, die aus der Leinwand springen und so weiter), aber sie beeinflussen unser Glaubenssystem. Wenn wir glauben, dass Dämonen uns angreifen können, werden sie gerne alles tun, um dieses Glaubenssystem zu stärken.

Meiner Erfahrung nach sind dämonische Angriffe viel banaler, als Horrorfilme es vermuten lassen. Das meiste, was Dämonen tun, ist zu versuchen, dass du Lügen glaubst. Meistens wählen sie Lügen, die zu unseren Lebensumständen passen. „Keiner wird dich jemals lieben." „Du bist wertlos." „Gott interessiert sich nicht für dich." „Du wirst nie zufrieden sein." Sie finden die Lüge, die zu deiner Geschichte und deinen Lebensumständen passt, und halten sie so lange aufrecht, bis sie sich in dein Weltbild einfügt und Teil deiner Perspektive wird.

Ich sehe immer wieder, wie Dämonen Menschen angreifen. Manchmal sind sie subtil, manchmal auch aggressiv.

Ich weiß nicht, welche Lüge der Dämon mit dem Eisenstachel dem Mann erzählte, als dieser rannte, aber ich konnte sehen, dass er sie glaubte. Der Stachel sagt mir, dass der Dämon versuchte, ihn zu motivieren, ihn anzutreiben. Vielleicht hatte man ihm in seiner Jugend gesagt, er sei ein Weichling oder zu hässlich, und er wollte dieses Gefühl der Unzulänglichkeit durch Fitness kompensieren. Vielleicht hatte er Beziehungsprobleme und brauchte das Selbstvertrauen und die Kontrolle, etwas zu tun, was er gut konnte. Vielleicht war er auch einfach nur wütend und musste seine Aggressionen loswerden. Was auch immer es war, der Dämon versuchte, es als Gelegenheit zu nutzen, um eine Lüge zu verstärken.

Bedeutet das, dass es für diesen Mann falsch oder schlecht war zu joggen? Nicht unbedingt. Vorhin habe ich darüber gesprochen, dass ich mich besiegt fühlte, als ich zum Joggen ging. Ich habe das im Scherz gesagt, aber ich habe wirklich daran gedacht, mir ein Eis zu holen. Hat mir ein Dämon gesagt, ich solle mir ein Eis kaufen? Wäre es eine Sünde gewesen, ein Eis zu essen? Nicht unbedingt. Joggen und Eiscreme sind nicht von Natur aus gut oder schlecht (obwohl ich sagen muss, dass in meinem Herzen Joggen schlecht und Eiscreme gut ist), aber irgendetwas als Bewältigungsstrategie zu benutzen, anstatt an dem zugrunde liegenden Problem zu arbeiten, führt oft zum Schlechten.

Ich kenne die Geschichte dieses Mannes nicht, aber ich kann mir gut vorstellen, dass der Dämon die Gelegenheit, die sich ihm durch dessen Lebensumstände bot, nutzte, um ungesunde Verhaltensmuster zu verstärken. Ich vermute, dass das Joggen nicht die Lösung für den Kampf war, den er gerade durchmachte. Das nutzte der Dämon aus, als er sich vorbeugte und die Lüge ausspuckte, die in diesem Moment der Verwundbarkeit passte. Das ist es, was Dämonen tun.

Jetzt fragst du dich vielleicht, warum der Engel dem Dämon nicht einfach den Kopf abschlagen konnte oder so etwas? Darauf werden wir später noch genauer eingehen, aber jetzt wollen wir erst einmal feststellen, dass du die Sprache des Himmels nur verstehen kannst, wenn du die Beziehung zwischen Wörtlichkeit und Metapher verstehst.

Wenn wir das, was wir im Geist sehen, allzu wörtlich auslegen, dann könnten wir die Szene mit dem joggenden Mann, dem Dämon und dem Engel so interpretieren, dass der Dämon mächtiger war als der Engel und er mächtig kämpfen musste, um ihn zu überwinden. Der Engel wurde während des Joggens immer wieder von dem Dämon weggeschlagen. Alle Angriffe des Engels brachten den Dämon aber kaum aus dem Gleichgewicht, als wäre dieser über 50 kg schwerer gewesen. War der Dämon mächtiger als der Engel? Das scheint nicht richtig zu sein – aber warum sah es dann so aus?

Wenn wir die ganze Geschichte betrachten und ein bisschen Kontext hinzufügen, wird klar, dass dies nicht nur ein Bild für den Kampf zwischen Himmel und Hölle war, sondern auch für den Kampf zwischen Himmel und Hölle im Herzen eines Menschen.

Ich sehe die ganze Zeit, wie Dämonen Menschen angreifen. In der Kirche, während des Gottesdienstes, während Menschen für sie beten, wenn sie die Bibel lesen – ich sehe es ständig. Bedeutet das, dass Dämonen mächtiger sind als Engel und die Gegenwart Gottes? Heißt das, dass die Hölle mächtiger ist als der

Himmel? Nein. Es bedeutet, dass unsere Entscheidungen und Überzeugungen bestimmen, wie viel Himmel und wie viel Hölle wir erleben.

Ich habe Dämonen gesehen, die wie eine Ratte in der Falle zappelten und verzweifelt versuchten, von einer Person wegzukommen, an die sie gebunden waren, weil die Gegenwart Gottes in einem Raum extrem stark war, aber sie saßen wegen des Glaubens der Person fest. Ihr Glaube an die Lüge war so stark, dass nicht einmal der Dämon fliehen konnte.

Ich weiß nicht, an welche Lüge dieser Mann glaubte, aber ich weiß, dass er an eine Lüge glaubte. Der Engel warf sich dem Dämon mit der Leidenschaft und Wut eines Elternteils entgegen, der sein Kind vor einem angreifenden Hund retten will. Der Schweiß strömte aus allen Teilen seines Körpers. Tränen flossen aus beiden Augen, als er sein Schwert auf dem Rücken des Dämons zerschmetterte. Echte Verzweiflung stand ihm ins Gesicht geschrieben, als er versuchte, den Dämon in den Griff zu bekommen, und in jeder Bewegung steckte purer Zorn, als er den Dämon mit Tritten und Schlägen außer Sichtweite brachte.

Nachdem der Dämon verschwunden war, flog der Engel wieder nach unten. Ich weiß nicht, welchen Ausdruck ich auf seinem Gesicht erwartet hatte. Vielleicht Frustration: „Wie konntest du nur so eine Lüge glauben?" Vielleicht Enttäuschung: „Du darfst dich nicht so täuschen lassen!" Aber sein Gesichtsausdruck sagte nichts von alledem.

Stattdessen landete er direkt neben dem Mann und schlang seine Arme in einer großen Umarmung um ihn. Sein Gesichtsausdruck erschöpfter Zufriedenheit sprach deutlicher als Worte: „Wir haben es geschafft. Wir haben ihn erwischt. Gut gemacht!" Ich bin sicher, dass viele von uns gelernt haben, mit Enttäuschung und Verurteilung zu rechnen, wenn wir versagen. Persönliche Engel, von denen jeder die schlimmsten Momente eines Menschen miterlebt hat, reagieren selten auf diese Weise. Das heißt nicht, dass sie nicht die Zerstörung und den Schmerz beklagen, die durch unsere typischen Sünden verursacht werden, egal wie groß oder klein sie sind. Es bedeutet nur, dass sie ihren

Schmerz in den unerschütterlichen Glauben verpacken, der sie auf unser Versagen mit reinster Hoffnung reagieren lässt.

Ich weiß nicht, welche Person den Mann angerufen hat oder was sie gesagt hat, aber ich weiß, dass es diejenige war, mit dem er reden musste. Dadurch wurde der Kreislauf seiner negativen Gedanken, die der Dämon verstärkt hatte, unterbrochen und gab dem Engel die Macht, ihn vollständig zu entfernen.

Es mag überraschend oder sogar schwer zu glauben sein, dass Joggen eine so zutiefst geistliche Aktivität ist, aber hier müssen wir unser Codebuch weiter anpassen: Alles ist eine geistliche Aktivität; du bist ein Geist. Alles, was du tust, hat eine geistliche Konsequenz. Alles, was du denkst, hat eine geistliche Konsequenz. Alles, was du glaubst, hat eine geistliche Konsequenz.

Die obige Geschichte ist nur ein kleiner Teil von dem, was ich an diesem Tag gesehen habe. Es gab Engel, die im und um den Park herumtanzten, über den See und durch die Bäume hüpften. Sie beteten Gott an und verbanden sich mit der Schönheit der Natur, die ihn allein durch ihre Existenz verherrlicht. Ein halbes Dutzend Engel spielte mit einer Gruppe von Kindern auf einer nahe gelegenen Wiese; sie stärkten sie in ihrer Identität und wehrten die ersten Samen der Lüge ab. Sieben andere Menschen kamen und gingen, joggten oder spazierten, während ich um den See ging. Auch bei ihnen liefen Dinge in der geistlichen Welt um sie herum ab, die genauso komplex und einzigartig waren wie bei der Frau und dem Mann in der Geschichte oben.

Es mag seltsam erscheinen, Joggen als eine geistliche Aktivität zu betrachten, aber, wie schon gesagt, ist in Wirklichkeit alles eine geistliche Aktivität. Alle Sportarten, alle Freizeitbeschäftigungen, alle Hobbys – sie alle haben eine geistliche Bedeutung. Sie haben aber nicht nur eine geistliche Bedeutung an sich, sondern ich glaube, dass all diese Dinge eine Bedeutung für das Reich Gottes haben können.

Eine Woche später besuchten meine Familie und ich den Park erneut. Ich hatte beschlossen, meine Karriere als Läufer ungeschlagen zu beenden, also ging ich mit den Kindern auf den Spielplatz, während meine Frau joggen ging.

Es gibt viele Dinge, die meine Frau April gut kann, aber eines davon ist, dass sie eine Läuferin ist. Ich weiß das nicht wegen ihrer erfolgreichen Läuferkarriere in der High School und im College. Ich weiß es auch nicht, weil sie so oft läuft. Ich weiß es, weil ich Herrlichkeit sehe, wenn sie läuft.

Sie startete in der Nähe des Spielplatzes und schenkte mir und den Kindern ein Lächeln und ein Winken, bevor sie loslief. Ihr Engel sieht so aus, wie er normalerweise aussieht, wenn April joggen geht: rosa Stirnband, rosa Laufshorts, rosa Laufschuhe. April trägt fast nie rosa, aber ihr Engel fast immer. Sie liefen zusammen los, zuerst langsam, um den Rhythmus zu finden. Ich drehte mich um, um mit den Kindern zu spielen, und gab mein Bestes, um Spaß zu haben und darauf zu achten, dass niemand vom Klettergerüst fiel.

Ich habe es gespürt, bevor ich es gesehen habe. Vielleicht liegt es daran, dass du die Gaben der Menschen, die du liebst, besser wahrnimmst, oder vielleicht ist diese Gabe von April etwas ganz Besonderes. Ich spürte einen Druck auf meiner Brust, und ich drehte mich um, um etwas zu sehen, was ich schon oft gesehen hatte.

April hatte die Hälfte ihrer ersten Runde hinter sich, und Herrlichkeit folgte ihr. Sie flimmerte in ihren Haaren, während sie rannte, eine Spur von Sonnenuntergang und Glühwürmchen, ein Strom von sich ausbreitendem Licht, der in der Luft hing wie Sonnenschein in den Wolken. Ihr Engel lief neben ihr und wippte in perfektem Rhythmus auf und ab. Er trug nun kein rosa Laufoutfit mehr, sondern ein langes, fließendes Kleid, das aus dem Wind selbst gemacht war.

Vielleicht magst du diese Art zuckersüßer Metapher nicht besonders, aber es anders auszudrücken, wäre weniger wahr. April hinterließ den Sonnenuntergang, und ihr Engel war mit dem Wind bekleidet.

Diesmal tanzten fast ein Dutzend Engel über den See und beteten zusammen mit der Natur an. Sie schwenkten und wirbelten lange Bänder durch das Wasser. Sobald die Herrlichkeit auftauchte, sprangen sie alle im Gleichschritt hinter April und ihrem Engel her, tanzten durch das Licht und den Wind und formten mit ihren Bändern und Händen Muster in der Luft. Sie beteten Gott an.

Plötzlich wurde mir klar, dass Aprils Laufen genauso Gottesdienst ist, wie ein See, eine Blumenwiese oder ein schneebedeckter Berg. Es ist Anbetung, weil es schön ist, und Schönheit hat mit Gott zu tun.

Ich weiß nicht, wie ich dir erklären soll, etwas zu tun, um Gott zu verherrlichen, aber ich weiß, wie es aussieht.

Kapitel 4

Ihr einziger Job

Ich sehe schon mein ganzes Leben lang persönliche Engel. Wie ich schon sagte, habe ich noch nie jemanden getroffen, der keinen hat, und falls es dir noch nicht aufgefallen ist, es gibt eine Menge Leute. Obwohl sie zu den häufigsten Arten von Engeln gehören, die ich sehe, fiel es mir immer schwer zu erklären, was sie tun. Anbetungsengel sind aktiv, wenn Menschen anbeten. Schutzengel sind ein Teil von Gottes Schutz für uns. Persönliche Engel beten an unserer Seite an, verteidigen uns gegen die Angriffe des Feindes, ermutigen uns, arbeiten mit Gottes Zielen in unserem Leben zusammen ... Das klingt immer wie eine willkürliche Liste von Aufgaben. Und das ist einer der Gründe, warum ich sie persönliche Engel nenne. Ich habe sie ein bisschen wie übernatürliche persönliche Assistenten angesehen.

Außerdem habe ich nicht genau verstanden, was der Sinn eines persönlichen Engels ist. Versteh mich nicht falsch, ich schätze es, dass sie da sind. Aber wozu? Als Christen haben wir alle den Heiligen Geist in uns. Gott will in unserem Leben gegenwärtig sein, und wir können direkt mit ihm sprechen. Welchen zusätzlichen Nutzen bietet ein persönlicher Engel?

Schließlich wurde mir klar, dass der Grund dafür, dass es mir so schwer fiel zu definieren, was ein persönlicher Engel tat, ein kleiner Aspekt von Gottes Wesen war, den ich nicht mit einbezogen hatte, fast so, wie wenn man beim Versuch, einen zusammenhängenden Satz zu bilden, ein bisschen Grammatik vergisst.

April und ich waren seit etwas mehr als einem Jahr verheiratet. Wir wollten schon immer Kinder haben, aber unsere Gespräche klangen nun immer weniger nach Träumen und mehr nach Plänen. Wir wollten warten, bis wir zwei Jahre verheiratet waren, aber wir wollten eine große Familie und April war besorgt, ihre Karriere als Läuferin könne es ihr schwer machen, schwanger zu werden.

Wir saßen auf der Couch in unserer Wohnung, als wir die Entscheidung trafen. Wir wollten versuchen, schwanger zu werden. In dem Moment, als wir uns darauf einigten, betrat ein Engel den Raum. Er war genauso groß wie April, hatte braune Haare und angenehme blaue Augen und trug eine klassische Krankenschwesternuniform, wie aus einem Film aus dem Zweiten Weltkrieg, die Haare zu einem Dutt gebunden, einen kleinen weißen Hut mit einem roten Kreuz, alles, was dazugehört. Ich wusste, dass April gewisse Bedenken hatte, schwanger zu werden, also dachte ich, dass dies eine Art Gesundheits- oder Krankenschwester-Engel war, der geschickt wurde, um sich um sie zu kümmern.

Der Engel folgte April in den drei Monaten, in denen wir versuchten, schwanger zu werden, überall hin. Er hüpfte vor Freude mit uns auf und ab, als wir unseren ersten positiven Schwangerschaftstest erhielten. Ich sah oft, wie der Schwesternengel Aprils wachsenden Bauch mit einem weichen Tuch abrieb, ihr beruhigend durch die Haare fuhr, als sie schreckliche Anfälle von morgendlicher Übelkeit (eher morgendliche, mittägliche und nächtliche Übelkeit) hatte, und ihren Rücken massierte, als das wachsende Baby ihren Körper immer mehr belastete.

Der Krankenschwester-Engel begleitete April bis zu ihrem großen Tag. Er stand bei ihr, als ihre Fruchtblase platzte, und fuhr mit uns ins Krankenhaus. Er war in jedem Moment der Wehen im Zimmer. Und er war da, als mein Sohn geboren wurde.

Mein Sohn lag einen Moment lang auf Aprils Brustkorb, ich kann nicht mehr sagen, ob es eine Sekunde oder eine Stunde war. Schließlich war es an der Zeit, dass der Arzt nach April schaute und das Baby auf den Babyinspektionstisch (der wahrscheinlich einen schöneren Namen hat) gebracht wurde. Ich folgte dem Baby und bemerkte, dass der Schwesternengel direkt hinter mir folgte. Ich stand einen Moment lang da und fühlte, wie sich in meinem Herzen Welten der Liebe öffneten, die ich noch nie zuvor gespürt hatte. Der Schwesternengel stand direkt neben mir und starrte genauso aufmerksam wie ich.

Der Schwesternengel folgte mir, als ich meinen Sohn für alle Babytests von Raum zu Raum begleitete. Er stand direkt neben dem Kinderbettchen, als ich meinen Großvater anrief, um ihm mitzuteilen, dass wir beschlossen hatten, das Baby nach ihm, also Haydon, zu benennen. Er folgte meinem Sohn überall hin und ließ für den Rest des Tages den Abstand zu ihm nie größer als ein oder zwei Schritte werden.

Später in der Nacht lag April im Krankenhausbett und schlief tief und fest, während Haydon in dem winzigen Krankenhausbettchen schlief. Der Futon, auf dem ich schlief, schien speziell dafür gemacht zu sein, dauerhafte Rückenprobleme zu verursachen, sodass es mir schwerfiel, einzuschlafen – und ich war unglaublich aufgeregt.

Ich starrte ständig meinen schlafenden Sohn an und spürte, wie eine Liebe, wie ich sie noch nie erlebt hatte, mit jeder Sekunde größer wurde. In diesem Moment bemerkte ich den Schwesternengel, der von der anderen Seite des Kinderbettes auf Haydon herabblickte. Das Krankenschwestern-Outfit war verschwunden, die braunen Haare hingen lose über die Schultern und er trug nun eine einfache blaue Tunika. Er sah jetzt auch jünger aus, aber ich wusste, dass er immer noch derselbe war. Er hatte dasselbe Gesicht und auch seine Augen waren die gleichen.

Diese Augen blickten mit absoluter Zuneigung auf meinen Sohn herab. Ich erkannte diesen Blick. Er spiegelte genau die gleiche überwältigende Liebe wider, die ich empfand. Ich bin mir sicher, dass der Gesichtsausdruck des Engels meinem eigenen entsprach. Es war der, den ich hatte, als ich meinen neugeborenen Sohn ansah. Es war der Blick, den ich hatte, als ich April ansah. Es war der Blick der Liebe, die Art von Liebe, die nur zwischen Menschen entstehen kann, die zusammengehören.

Die meisten von euch haben wahrscheinlich schon erraten, worauf das hinausläuft, aber für mich war es damals eine völlige Überraschung. Ich schaute zu dem Engel hin und sagte: „Du bist kein Schwangerschaftsengel oder Krankenschwesternengel. Du bist sein Engel, nicht wahr?" und neigte dabei meinen Kopf in Richtung Haydon.

Der Engel sah zu mir her, um meinem Blick zu begegnen, lächelte und nickte dann mit einem kleinen „Na klar"-Ausdruck.

Nun kam mir die Frage in den Sinn, die mir schon so oft im Kopf herumgespukt hatte. Was ist der Sinn und Zweck eines persönlichen Engels? Wozu ist er da? Was ist seine Aufgabe?

Haydons Engel sah mich an, lächelte wieder und antwortete dann.

Wenn ich Engel sprechen höre, ist es selten ein englischer Satz. Ich sehe, wie sich ihr Mund bewegt, und manchmal höre ich einen Laut, aber er hat keine Ähnlichkeit mit irgendeiner mir bekannten Sprache oder Mundart. Ich höre keine Worte, sondern nur Informationsblöcke, die in meinem Kopf landen; ich weiß plötzlich einfach, was sie sagen. Es ist etwas zwischen einem Download von Daten und dem Gefühl, zu erkennen, ob gewisse Töne Traurigkeit oder Freude hervorrufen sollen. Es ist weder das eine noch das andere, aber es ist ihnen ähnlich. Da ich auf diese Weise höre, kann ich das Gehörte normalerweise in einen englischen Satz übersetzen, aber wenn ich ehrlich bin, habe ich immer das Gefühl, dass bei der Übersetzung etwas verloren geht – so wie wenn man ein Gedicht in einer Sprache hört, in der es nicht geschrieben wurde; die Bedeutung ist da, aber etwas Wertvolles geht zwangsläufig verloren.

Ich habe versucht, das, was Haydons Engel mir gesagt hat, auf hundert verschiedene Arten auszudrücken, aber alle reichen nicht an das heran, was ich in meinem Herzen empfunden habe. Hier ist mein hunderterster Versuch: Ich fragte mich wieder nach dem Zweck von persönlichen Engeln. Haydons Engel sah zu mir her, lächelte und sagte: „Was ist falsch an der Vorstellung, dass der Vater es für richtig hält, jemanden zu schicken, dessen einzige Aufgabe es ist, dich jeden Tag deines Lebens zu lieben?"

Wenn wir die geistliche Welt verstehen wollen, indem wir die Sprache des Himmels lernen, dann müssen wir erkennen, dass die Liebe die wichtigste Grammatikregel ist.

Persönliche Engel tun eine Menge Dinge für uns. Sie beten für uns, beschützen uns und unterstützen uns – aber das ist nicht ihr Zweck. Persönliche Engel gibt es, weil Gott wollte, dass jeder Mensch auf diesem Planeten jemanden hat, dessen einziger

Zweck es ist, ihn wirklich zu lieben. Alles, was sie tun, ist ein Ausdruck davon.

Ich habe inzwischen fünf Kinder und ich kann dir sagen, dass jeder ihrer Engel in dem Moment aufgetaucht ist, als April und ich beschlossen, es sei an der Zeit, ein neues Baby zu bekommen. Jeder von ihnen begleitete April in den Monaten, in denen wir versuchten, schwanger zu werden, während der gesamten Schwangerschaft und bei jedem Schritt ihrer Wehen und ging dann von ihr weg, um unserem neugeborenen Baby zu folgen.

Ich habe noch nie jemanden getroffen, der keinen persönlichen Engel hatte, egal wer sie waren oder was sie taten. Ich habe noch nie erlebt, dass sie die Person, mit der sie zusammen sind, verurteilt haben. Ich habe noch nie erlebt, dass sie enttäuscht waren. Ich habe jedoch immer wieder gesehen, dass sie verletzt wurden. Aber wie eine Mutter, wie ein Bruder, wie ein treuer Freund, ist ihr Schmerz der, der nur aus bedingungsloser Liebe zu einer unvollkommenen Person entstehen kann.

Gottes Liebe ist groß und geheimnisvoll. Jede Erfahrung, die du jemals mit der Bedeutung dieses Wortes gemacht hast, ist ein kleines und unvollständiges Bild dieses unendlichen Geheimnisses. Wir täten alle gut daran, uns daran zu erinnern, dass wir es noch nicht verstehen, egal wie viel wir davon erfasst haben, und vielleicht werden wir es auch nie verstehen. Aber wir können jeden Tag mehr darüber lernen.

KAPITEL 5

Gartenarbeit

Was bedeutet es, dass alles geistlich ist? Es bedeutet, dass jeder Gedanke, jede Aktion, jede Reaktion und alles dazwischen eine geistliche Konsequenz hat. Alles wird vom Geist beeinflusst, und der Geist beeinflusst alles.

Auf den ersten Blick mag das überwältigend oder schwer zu glauben sein. Es könnte dir das Gefühl geben, durch einen Antiquitätenladen zu gehen, in dem alle Pläne und Absichten Gottes wie zarte und teure Vasen ausgestellt sind. Eine falsche Bewegung und alles fällt zu Boden. Wenn du der geistlichen Welt gegenüber eine eher ängstliche Sichtweise hast, kann es dir vorkommen, als würdest du durch einen dunklen Wald voller wütender Dämonen gehen, die beim ersten Anzeichen von Schwäche zuschlagen wollen.

An diesen Metaphern ist zwar etwas Wahres dran, aber sie entspringen beide einer sehr machtlosen Perspektive. Auf das zu achten, was in der geistlichen Welt geschieht, mag für dich ein neuer Gedanke sein, aber glaube mir, du bist dir bereits viel bewusster, was in der geistlichen Welt geschieht, als du denkst. Erinnere dich daran, dass du ein Geist bist. Ob du es nun weißt oder nicht, du lebst schon dein ganzes Leben lang in der geistlichen Welt.

Statt eines Antiquitätenladens voller zerbrechlicher Gegenstände oder eines dunklen Waldes voller Monster sollten wir uns die geistliche Welt am besten wie einen Garten vorstellen. Alles, was du sagst, denkst und tust, wirkt sich auf den Garten um dich herum aus. Manche Gedanken sind wie die Samen von fruchttragenden Pflanzen; sie keimen und wachsen zu gedeihlichen Dingen heran, die dich und die Menschen um dich herum ständig mit Nahrung versorgen. Manche Gedanken sind wie Unkraut: Sie saugen das Leben aus allem heraus, was sie umgibt, und bringen nichts Wertvolles hervor. Manche Gedanken sind wie Wasser: Sie erfrischen uns und jeden, mit dem wir sie teilen. Manche Gedanken sind wie Gift: Sie richten Verwüstung an und schädigen den Boden.

Wenn wir unsere Interaktion mit der geistlichen Welt auf diese Weise betrachten, können wir uns leicht vorstellen, dass all unsere Gedanken, Worte und Taten sich wie Samen, Wasser und Sonnenschein in den Geist hinein ausbreiten und uns und das Leben anderer weit über uns hinaus beeinflussen.

Wenn ich ein Haus betrete, in dem Menschen viel Zeit mit Gebet und Anbetung verbringen, kann ich es sehen. An den Wänden wachsen dicke, gesunde Ranken mit grünen Blättern und blühenden Blumen. Fließendes Wasser entspringt aus Brunnen oder natürlichen Quellen in jedem Raum. Engel bewegen sich durch das Haus und kümmern sich um jede blühende Pflanze. Genauso wie das Wettersystem eines Regenwaldes eine enorme Vielfalt an Pflanzen und Tieren ermöglicht, schafft ein Haus, in dem Menschen einen Lebensstil des Gebets und der Anbetung praktizieren, ein Wettersystem, in dem ein lebendiger geistlicher Garten wachsen kann.

Genauso entsteht in einem Haus, in dem es viel Angst, Stress und Ärger gibt, eine andere Art von Garten. Scharfe Felsen wachsen wie Stalagmiten aus dem Boden, jeder mit zackigen, schneidenden Kanten. Trockenes Gras bedeckt den Boden, dorniges Unkraut wuchert und gute Samen auf der ausgetrockneten Erde gehen nicht auf.

Die meisten Orte, die ich besuche, sind nicht so schwarz-weiß. Jedes Haus hat, wie jede Familie, Stärken und Schwächen. Ich habe ein Haus erlebt, in dem viel angebetet wurde, und die Wände waren voll bedeckt mit herrlich gesunden Pflanzen. Doch obwohl die Wände und die Decke mit bunten Blättern und Blumen bedeckt waren, war der Boden knochentrocken. Es war ein Haus, in dem der Schwerpunkt auf geistlichen Dingen lag, dem es aber an Bodenhaftung und Wurzeln für gesunde Beziehungen fehlte.

Ein anderes Mal besuchte ich ein Haus, das mit spitzen Steinen übersät war – Zeichen einer bissigen, sarkastischen und zornigen Umgebung. Trotzdem bahnten sich dickwurzelige Pflanzen ihren Weg um die Steine herum und in die fruchtbare, dunkle Erde; ein Zeichen dafür, dass diese Familie trotz ihrer Funktionsstörung immer noch miteinander verbunden war.

Es sind nicht nur unsere Häuser, die so aussehen. Unternehmen, Schulen, Parks, Städte, Landkreise und Nationen – sie alle sind Teil eines riesigen geistlichen Gartens, der auf der Grundlage der Handlungen, Gedanken und Überzeugungen der Menschen in ihm wächst. Alles, was wir tun, hat geistliche Konsequenzen. Alles schafft Platz für mehr Samen des Himmels oder für die verheerende Zerstörung des Feindes. Im Großen und Ganzen hat eine einzelne Handlung oder eine einzelne Überzeugung nur geringe Auswirkungen, aber alles trägt zum großen Ökosystem des Geistes bei.

*****

Während ich dieses Buch schrieb, gründeten drei Freunde von mir neue Unternehmen. Ich nutzte die Gelegenheit, um zu beobachten, was in den ersten Jahren ihrer Geschäftstätigkeit in ihrem Umfeld geschah, und war neugierig, wie sich jede ihrer Vorgehensweisen geistlich auf sie auswirken würde. Ich benutze nicht ihre richtigen Namen, aber Folgendes geschah mit ihnen:

Der erste ist Dom. Dom ist der klassische Ideenmann. In den Jahren, die ich ihn kenne, hatte er sieben verschiedene Jobs, hat neun verschiedene Unternehmen gegründet, ist sechsmal umgezogen und hatte seit dem Frühstück heute Morgen siebzig Ideen für neue Unternehmen. Er ist fürsorglich, freundlich und idealistisch und liebt Jesus von ganzem Herzen. Obwohl seine Ideen oft großartig klingen, hat er bisher mit keiner davon großen Erfolg gehabt.

Doms neueste Idee war ein neues gemeinnütziges Unternehmen, das Investoren viel Geld einbringen und Menschen mit gesundem Wasser versorgen soll, die keinen Zugang dazu haben. Ich sah, wie große Funken von ihm ausgingen, als er mir die Details seines Vorhabens erzählte und wie es den Bedürftigen auf der ganzen Welt helfen würde. Die Funken kamen aus ihm heraus und wurden zu langen, gewundenen, rotglühenden Streifen aus geschmolzenem Metall, wie die Späne in einer Eisenhütte.

Je mehr er sprach, desto mehr heiße Metallstreifen brachen aus ihm heraus. Sie kamen so schnell und heftig, dass sie sich auf dem Boden verkeilten und verhedderten.

Nach ein paar Minuten erschienen zwei Engel, um die glühenden Metallstücke aufzusammeln, ebenso wie die anderen, die aus Dom herausflogen, als er seine Vision für das Unternehmen erzählte. Das meiste Metall hatte sich so verheddert, dass die Engel es in verknoteten Klumpen aufsammeln mussten.

Ich war begeistert von seiner Idee, aber seine von Fehlstarts und Übereifer geprägte Vergangenheit ließen bei mir Zweifel aufkommen. Das Metall, das aus ihm herauskam, als er sprach, war jedoch echt. Ich meine damit, dass es Substanz hatte. Wäre seine Idee wirklich hohl gewesen, hätte ich Rauch, Dampf oder etwas anderes Substanzloses gesehen. Ideen von Gott kommen mit den geistlichen Ressourcen, um sie zu verwirklichen; sie haben Substanz, und das Metall, das erschien, war der Beweis, dass Doms Idee vom Himmel unterstützt wurde. Ich konnte jedoch nicht umhin zu bemerken, dass die Engel einen geduldigen, aber verwirrten Gesichtsausdruck zeigten, während Dom immer mehr Streifen dieses überhitzten himmlischen Metalls produzierte, während er aufgeregt sein lebensveränderndes Vorhaben beschrieb. Sie hoben treu jeden Streifen auf, standen dann aber untätig da, als wüssten sie nicht, was sie damit anfangen sollten. Sie standen einfach da mit einem Arm voller Metallstreifen, die sich von Sekunde zu Sekunde mehr zu verheddern schienen. Und als Dom weitersprach, begann das Metall abzukühlen.

Der nächste ist Will. Will ist der jüngste der drei Unternehmer in unserer Geschichte. Er besuchte eine angesehene Hochschule, bekam nach seinem Abschluss mehrere gute Jobangebote und entschied sich, ein paar Jahre im Familienunternehmen zu arbeiten, um Erfahrungen zu sammeln. Sein neues Geschäft ist technikorientiert, und obwohl es sich gut anhört, glaube ich immer noch nicht, dass ich es gut genug verstehe, um es als etwas anderes als „technisches Zeug" zu bezeichnen.

Will ist ein sehr geistlicher Mann. Er liebt Jesus und lebt sein Leben mit einer fast mönchischen geistlichen Ausrichtung. Jeden Morgen wacht er früh auf, um zu beten und mindestens eine Stunde lang die Bibel zu studieren. Mindestens eine weitere Stunde verbringt er in stiller Kontemplation. Dann geht er joggen und hört dabei ein Hörbuch über althebräische Theologie.

An dem Tag, an dem er mir zum ersten Mal von seinem neuen Unternehmen erzählte, stand ein weißgekleideter Engel direkt hinter ihm. Ich tat mein Bestes, um zu verstehen, was er mit seinem neuen Unternehmen bezwecken wollte, aber nachdem ich dreimal gefragt hatte: „Was genau machst du noch mal?", gab ich auf und beobachtete einfach, was der Engel tat.

Mit jedem ruhigen und detaillierten Satz der komplizierten Beschreibung setzte der Engel eine kleine Szene in die Luft, direkt über dem Kopf meines Freundes. Wie ein Maler wedelte der Engel mit einer Hand in der Luft und hinterließ einen kleinen fließenden Wasserfall in seiner Spur. Er tippte mit geschlossenen Fingern hier und da hin und hinterließ an jeder Stelle leuchtendgelbe Blumen. Er malte mit kreisenden Bewegungen einige grüne Blätter hinein und schuf einen kleinen Teich, in dem der Wasserfall landete.

Im Laufe seiner Beschreibung malte der Engel einen kleinen Garten direkt hinter meinem Freund in Existenz.

„Ich denke, was ich versuche", sagte mein Freund mit einem Nachdruck, der mich aus meiner Ablenkung riss, „ist, etwas zu schaffen, das ein Bedürfnis auf einfachere Weise erfüllt, das den Kunden und mir nützt und somit eine Firma ermöglicht, in der es sich lohnt zu arbeiten."

Damit setzte der Engel einen Tropfen Sonnenlicht in die Ecke des kleinen Gartens und tauchte die ganze Szene in ein Sonnenuntergangslicht, das jedes Element vor Schönheit erstrahlen ließ.

Ich wusste immer noch nicht genau, was für ein Unternehmen mein Freund gründen wollte, aber ich war sehr neugierig, wie sich der kleine Garten durch sein Unternehmen manifestieren würde.

Person Nummer drei ist Jack. Jack ist ein bodenständiger Unternehmer. Er hat bereits mehrere Unternehmen gegründet, aufgebaut und verkauft. Dabei handelte es sich immer um Handwerksbetriebe – Landschaftsbau, Baugewerbe und so weiter. Die wirtschaftliche Lage in den Bereichen, in denen Jack gearbeitet hatte, hatte sich in den letzten Jahren verändert, sodass seine letzten beiden Unternehmungen ein Fehlstart waren. Aber Jack war klug. Er erkannte, was passierte, bevor er zu viel investierte und zog den Stecker, bevor er viel verlor.

Diese Erfahrungen führten dazu, dass Jack sich so unsicher fühlte wie schon lange nicht mehr. Normalerweise konnte er einfach sehen, was getan werden musste, und es tun. Er nahm sich extra Zeit, um sie mit Gott zu verbringen, lange Spaziergänge zu machen und mit einigen Mentoren zu sprechen.

Nachdem er einige Zeit gebraucht hatte, um seinen Ansatz zu überdenken, teilte Jack mir seine neue Idee mit. Sie hatte zwar immer noch mit den Bereichen zu tun, die er gut kannte, aber es war ein Gebiet, in dem er noch nie gearbeitet hatte, deshalb war er noch etwas unsicher.

Während er sprach, trugen die Engel riesige Holzkisten herein. Einige waren groß genug, um ein Auto zu transportieren, andere waren lang und flach und wieder andere waren nicht größer als ein Schuhkarton. Als Jack damit fertig war, mir von dem Geschäft zu erzählen, war er von zehn Metern Kisten in allen möglichen Größen umgeben.

Ich habe diese Art von Dingen schon öfters gesehen. Manche Menschen haben ein Talent dafür, etwas aufzubauen. Sie wissen, wie man ein Team zusammenstellt, sie haben eine Vision für das, was getan werden muss, und sie sehen die Schritte, um dorthin zu gelangen. Immer wenn ein Unternehmer mit mir über etwas spricht, das er baut, sehe ich, wie der Himmel Materialien liefert. Heißt das, dass alles, was diese Menschen tun, fehlerlos erfolgreich ist? Nein. Aber es bedeutet, dass sie, selbst wenn ihre Pläne scheitern, aus der Erfahrung lernen und die Lektion auf die nächste Idee anwenden.

Das gab mir die Zuversicht, dass Jacks neues Geschäft florieren würde.

Ich unterhielt mich mit Dom immer wieder darüber, wie sein neues Wassergeschäft lief. Er traf sich mit Investoren, ließ Prototypen bauen und stellte ein kleines Team zusammen, das ihm bei der Entwicklung des Projekts helfen und es bekannt machen sollte. Ich sah die Engel jedes Mal bei ihm, und jedes Mal trugen sie die verhedderten Metallstücke. Sie hatten sich längst abgekühlt, aber jedes Mal, wenn Dom über seine Leidenschaft für das Projekt sprach, begannen sie wieder heiß zu werden. Die Investoren waren immer noch interessiert, und das Team war immer noch motiviert – zumindest sagte Dom, dass es so sei.

Jedes Mal, wenn er über die Details des Geschäfts sprach, zogen und drehten die Engel an dem verknoteten Metall und versuchten, es zu entwirren. Meistens sah das nach einer vergeblichen Anstrengung aus. Das Metall war am Ende nur anders verknotet als vorher. Manchmal, wenn Dom seine Leidenschaft für die Idee zeigte und das Metall anfing, heiß zu werden, sah es so aus, als würden die Engel anfangen, die Stücke zu trennen. Aber wenn ich ihn das nächste Mal sah, war das Metall meist noch genauso verheddert wie am Anfang.

Monatelang hörte ich von Dom, er sei nur noch ein oder zwei Besprechungen mit Interessenten vom Durchbruch entfernt. Investoren sprangen ab. Teammitglieder kündigten. Neue Investoren wollten sich mit ihm treffen. Neue Teammitglieder kamen hinzu. Verwirrung. Entwirrung. Wieder Verwirrung.

Will verbrachte viele Monate damit, sein Unternehmen aufzubauen. Er arbeitete mit mehreren Entwicklern zusammen, um Software zu entwickeln. Er führte Tests mit mehreren Freunden und Familienmitgliedern durch, die als Kunden auftraten. Er zog mehrere Freunde und Mentoren hinzu, um sich Anregungen zu holen, wie er sein Unternehmen besser aufbauen konnte.

Jedes Mal, wenn er mir von diesem Prozess erzählte, sah ich den Engel hinter ihm am Garten arbeiten. Er veränderte die Lage der Blumen, er veränderte den Wasserfall, er formte und gestaltete den Teich um; jede Veränderung machte ihn noch schöner.

Will betete über jede Entscheidung, die er traf, setzte seinen Lebensstil fort, regelmäßig lange Stunden mit dem Herrn zu verbringen, und versuchte, jedes Buch über Unternehmensführung zu lesen, das von einem Christen geschrieben wurde.

Nach einer langen Vorbereitungszeit war endlich der Tag gekommen, an dem Will sein Geschäft eröffnen konnte. Obwohl ich immer noch nicht wusste, was er eigentlich verkaufen wollte, freute ich mich für ihn. Die Dinge liefen langsam an, aber Stück für Stück, Monat für Monat, wuchs Wills Geschäft weiter. Schon bald konnte er einige Mitarbeiter einstellen und sich Zeit nehmen, um Pläne für die Zukunft zu schmieden, wie er sein Geschäft ausbauen wollte.

Einige Monate nachdem Will sein Unternehmen gegründet hatte, wurde er von seiner Tante kontaktiert. Ihr Sohn hatte gerade sein Studium abgebrochen, um auf YouTube Karriere zu machen, sehr zum Entsetzen von ihr und ihrem Mann. Nach langem Gezänk hatten sie beschlossen, ihm zu erlauben, weiterhin im Haus zu wohnen und seine neue Karriere zu verfolgen, aber nur, wenn er bereit war, zwischenzeitlich einen anderen Job anzunehmen. Ihr Sohn hatte bei einigen seiner früheren Jobs eine durchwachsene Bilanz vorzuweisen, also dachte sie, Wills Firma sei die perfekte Gelegenheit für ihn, zu lernen, wie man ein vorbildlicher Mitarbeiter ist.

Will zögerte, aber seine Familie bedeutete ihm auch viel. Es schien falsch, Nein zu sagen. Als Will mir von seinem Cousin erzählte, der für ihn arbeiten wollte, und von seinen Vorbehalten, sah ich eine große, graue Kröte mitten in seinen unberührten Garten springen.

Jacks Geschäft florierte von Anfang an. Obwohl es für ihn ein neues Betätigungsfeld war, erwarb er sich schnell den Ruf, eines der ehrlichsten und besten Unternehmen in der Gegend zu sein. Schon nach wenigen Monaten hatte er mehr Kunden, als er allein bewältigen konnte. Er nahm sich die Zeit, jeden neuen Mitarbeiter darin zu schulen, wie er das Qualitätsniveau und die Detailgenauigkeit, für die sein Unternehmen bekannt war, aufrechterhalten konnte. Er arbeitete mit einer Marketingfirma zusammen, um eine Unternehmensmarke zu entwickeln und sein Unternehmen so weit wie möglich bekannt zu machen.

Immer wenn Jack mir erzählte, wie sein Geschäft lief, sah ich Teams von Engeln, die die Holzkisten um ihn herum öffneten. Darin befand sich eine große Auswahl an Baumaterialien; alles – von strukturellen Komponenten, wie Stahlträgern, langen Hölzern und Metallbolzen, bis hin zu eher dekorativen Elementen, wie Statuen, kunstvoll geschnitzten Verkleidungen und fein gearbeiteten Leuchten. Es sah aus wie alles, was man für den Bau eines makellosen Anwesens braucht.

Mein erster Eindruck war, wenn ich ehrlich bin, ein negativer. Ich bin nicht gerade ein Geschäftsmann. Ich mag eher das Schreiben, die Kunst und die Kreativität – alles Dinge, die meiner Meinung nach oft durch die Grenzen, die ihnen die Geschäftswelt auferlegt, eingeschränkt werden. Obwohl ich mir diese Meinung nicht bewusst gebildet hatte, neigte ich zu der Ansicht, dass die meisten Unternehmen nur ein gut organisierter Vorwand für Ausbeutung und Gier sind. Als ich also all die ausgefallenen Dekorationselemente sah, die aus Jacks Kisten kamen, dachte ich: „Wow, was für ein wunderbares Imperium du dir da aufbaust."

Trotz meiner vom Punkrock geprägten Vorurteile wusste ich, dass nichts, was vom Himmel kommt, schlecht sein kann. Ich bin mir zwar sicher, dass manche Menschen das, was Gott für das Gute vorgesehen hat, zu ihrem persönlichen Vorteil oder sogar zum Schaden anderer nutzen, aber es war leicht zu erkennen, dass Jack nicht so jemand war.

Jedes Gespräch, das ich mit Jack über das Geschäft führte, endete unweigerlich damit, wie man durch Unternehmertum das Reich Gottes fördern kann. Es ging dabei nicht nur darum, dass Geschäftsleute Geld verdienen, um es der Kirche und den Missionaren zu geben, sondern viel tiefer. Jack hatte eine Vision für Tausende von Unternehmen, die alle auf den Werten des Reiches Gottes aufbauen – nicht nur Unternehmen, die einen Fisch in ihrem Logo haben, sondern Unternehmen, die das Reich Gottes dadurch verbreiten, wie sie ihre Mitarbeiter behandeln und ausbilden, wie sie ihren Kunden und der Gemeinschaft dienen und wie sie das Reich Gottes in jeder Facette ihres Betriebs zum Ausdruck bringen.

Ich erinnere mich an eines der ersten Male, als Jack mir von dieser Idee erzählte. Ein Engel hatte gerade eine große Statue aus einer Kiste hinter ihm herausgeholt. Während Jack darüber sprach, wie Unternehmen, die auf den Werten des Königreichs aufgebaut sind, Städte und Dörfer verändern, setzte der Engel die Statue sanft auf den Boden. Fast augenblicklich breitete sich an der Stelle, an der die Statue stand, ein dichtes Stück grünes Gras aus. Langsam bedeckte es den gesamten Boden des Raumes, in dem wir standen; dann begann es mit zarten lila Blüten zu blühen und dann mit fruchttragenden Bäumen.

Obwohl es mir immer noch schwerfällt, mich nicht von dem Schaden ablenken zu lassen, den die Gier durch die Wirtschaft angerichtet hat, hat Jack mir geholfen zu erkennen, dass die Wirtschaft selbst ein Werkzeug in Gottes Hand sein soll. Jedes Mal, wenn ich Jack oder einen seiner Mitarbeiter sah, sah ich diesen üppigen Garten. Er füllt den Raum, wenn sie eine Mitarbeiterversammlung abhalten. Er verweilt auf jeder Baustelle, auf der sie arbeiten. Jack ist ein wunderbares Beispiel dafür, wie sich alles auf die geistliche Welt auswirkt. Jede Rechnung, die er verschickt, jede Korrektur, die er einem Mitarbeiter gibt, jede Reaktion auf eine Krise oder einen Fehler, jeder Aspekt seiner Arbeit ist eine Gelegenheit, einen Samen des Königreichs freizusetzen.

Dom tat sein Bestes, um seine Idee ins Laufen zu bringen, aber es klappte nie wirklich. Bald bestand sein Team nur noch aus seiner Frau, seiner Mutter und seinen beiden Töchtern. Er hatte keine Treffen mit potenziellen Investoren mehr im Kalender stehen. Und seine Familie war mit dem finanziellen und zeitlichen Aufwand überfordert.

Die Engel trugen immer noch die verknoteten Metallknäuel mit sich herum, wenn ich ihn sah. Sie waren noch genauso verknotet wie am Anfang, vielleicht sogar noch mehr.

Dom nahm schließlich einen Job in einer Fabrik in privatem Besitz an. Der Besitzer fand Gefallen an ihm, nahm ihn unter seine Fittiche und bildete ihn zu seinem Stellvertreter aus. In den Wochen und Monaten an seinem neuen Arbeitsplatz sah ich immer noch die gleichen Engel, die Dom folgten. Jedes Mal, wenn ich sie sah, wurden die Metallknoten enger und enger, bis sie sich schließlich alle zu einem festen Ball zusammenzogen.

Ich fragte Dom, ob er hoffe, sein Wassergeschäft in Zukunft wieder aufnehmen zu können. Obwohl ich mein Bestes getan hatte, ihn höflich zu fragen, lächelte er verlegen, als er mir sagte, er habe beschlossen, das Geschäft auf Eis zu legen. Vielleicht war es für eine spätere Zeit gedacht.

Während er dies sagte, wurden die Metallklumpen in den Händen der Engel glühend heiß. Jeder Engel knetete seinen Klumpen ein paar Mal und formte ihn wie einen Brotlaib. Dann legten sie das neu geformte Metall irgendwo hinter Doms Rücken ab, genau dort, wo es hergekommen war, als er mir seine Idee zum ersten Mal mitgeteilt hatte.

Wills Cousin verursachte eine Reihe von Problemen in seinem Unternehmen. Anfangs nahm er die Stelle nicht sehr ernst. Will versuchte, ihm Feedback zu geben, aber Konfrontation war noch nie seine Stärke gewesen. Er ließ die Nachlässigkeiten seines Cousins durchgehen. Das schadete den Arbeitsabläufen in seinem kleinen Unternehmen und sorgte für Unmut bei den anderen Angestellten.

Jedes Mal, wenn Will über die Geschehnisse in seinem Betrieb sprach, sah ich diese fette, graue Kröte in seinem Garten herumspringen. Sie trampelte auf den Blumen herum, warf präzise platzierte Steine um und wühlte Schlamm im Wasser auf. Der Engel hüpfte immer wieder umher und versuchte, die Kröte zu erwischen, aber selbst bei den wenigen Malen, bei denen er es schaffte, sie zu erwischen, entschlüpfte sie ihm wieder.

Die Interpretation dieser Vision schien mir klar zu sein. Wills Cousin brachte Wills gut durchdachtes Geschäft durcheinander, genauso wie die Kröte den sonst so ruhigen Garten durcheinanderbrachte. Bedeutet das, dass Wills Cousin ein Dämon war oder von Dämonen kontrolliert wurde? Das scheint mir etwas zu dramatisch zu sein. Bedeutet das, dass sein Cousin als Werkzeug des Feindes benutzt wurde, um Wills Geschäfte zu untergraben? Das mag zwar ein Teil der Wahrheit sein, aber ich denke, das ist ein gefährlich vereinfachter Ansatz, der es viel zu einfach macht, Wills Cousin als den Bösewicht der Geschichte zu sehen.

Wills Cousin hatte einige charakterliche Defizite, aber auch Will hatte einige charakterliche Defizite. Das Zusammentreffen dieser Defizite führte zu einem Konflikt. Das Dämonische nutzte, wie fast immer, die Reibung zwischen diesen beiden unvollkommenen Menschen aus.

Ich habe gesehen, wie die kleine graue Kröte mehrmals mit ihrer Zunge nach Wills Ohr schnappte. Das geschah immer dann, wenn Will darüber sprach, wie frustriert er von seinem Cousin war. Er hatte schon oft daran gedacht, ihn zu feuern, aber er hatte immer das Gefühl, dass der Herr ihn bat, ihn zu behalten. War das ein echtes Wort des Herrn oder war Wills Wertschätzung für seine Familie die Richtschnur für ihn? Ich bin mir immer noch nicht sicher.

Ich wünschte, ich könnte sagen, dass Will eine großartige göttliche Intervention erlebte, die eine gütige Lösung für die Situation mit seinem Cousin gebracht hätte, aber das war nicht der Fall. Doch nach mehreren frustrierenden Monaten kam Wills Firma in etwas ruhigere Fahrwasser. Will schaffte es, seinem Cousin etwas direkter zu begegnen, auch wenn er ihm nie feste Grenzen setzte. Und es gelang ihm, die Frustrationen seiner anderen Mitarbeiter mit einer Kombination aus zusätzlicher Vergütung und flexibleren Arbeitszeiten zu besänftigen. Und Wills Cousin fand einen Platz in der Firma, an dem er zumindest ein bisschen hilfreich sein konnte, ohne zu viel Schaden anzurichten.

Wenn ich Will im Geist anschaue, sehe ich immer noch den Garten hinter ihm. Der Engel hat alle Schäden, die die Kröte während ihres monatelangen Amoklaufs verursacht hat, repariert. Die Kröte ist immer noch da, sie hat sich in einem kleinen Blumenbeet neben dem Wasserfall eingenistet und macht nicht viel Ärger, geht aber auch nicht weg. Ab und zu sehe ich, wie die Kröte ihre Zunge an Wills Ohr herausschnellen lässt, um zu sehen, ob sie ein wenig Bitterkeit, vielleicht sogar einen Tropfen Unmut, hineinspritzen kann.

Jacks Geschäft wuchs und gedieh weiter. Er wurde eingeladen, bei verschiedenen Geschäftsveranstaltungen zu sprechen und sein Herz für Reich-Gottes-Unternehmen weiterzugeben.

Seine Mitarbeiter entwickelten sich unter seiner Führung weiter, nicht nur als Arbeiter, sondern auch als Menschen.

Allerdings hat sich die wirtschaftliche Landschaft in den letzten Jahren in viele verschiedene Richtungen bewegt. Zum Zeitpunkt, an dem ich diese Zeilen schreibe, geht es Jacks Unternehmen nicht besonders gut. Er muss sich entscheiden, ob er diesem Sturm trotzen will oder ob die sich ständig verändernden wirtschaftlichen Gegebenheiten keinen Platz mehr für das haben, was er geschaffen hat. Er fragt Gott regelmäßig danach, denkt an die Bedürfnisse seiner Angestellten und nutzt sowohl seine eigene Weisheit als auch die der Menschen, mit denen er sich umgeben hat.

Ich sehe immer noch Engel, die Kisten bei Jack abladen. Trotz der Probleme, in denen sich sein Unternehmen befindet, hat er noch immer ein gutes Händchen für das Geschäft. Das gilt auf jeden Fall für den Himmel, auch wenn manche das auf der Erde nicht so sehen würden. An manchen Tagen, wenn er über seine Leidenschaft spricht, Gottes Reich durch das Geschäftsleben zu repräsentieren, beginnen seine Hände zu glühen. Ganze Wasserströme schießen aus seinen Fingerspitzen und dichte Beete mit blühenden Gärten entstehen dort, wo sie landen.

Das scheint nicht fair zu sein. Jack ist ein freundlicher und großzügiger Mann. Er ist geschickt als Unternehmer und hat keine Angst, die Stärken und Talente anderer zu nutzen. Er liebt Gott und sieht den ganzen Wirtschaftsbereich durch den Filter des Reiches Gottes. Warum sollte sein Unternehmen scheitern? Warum sollte es überhaupt Probleme haben? Warum sollte es etwas anderes tun, als zu florieren?

Die erste Versuchung besteht darin, wie Hiobs Freunde in der Bibel zu reagieren und darauf zu bestehen, dass Jack eine geheime Sünde oder einen Charakterfehler hat, der seinem Geschäft schadet. Das kommt jedoch aus einem Codebuch, das darauf besteht, dass guten Menschen gute Dinge und schlechten Menschen schlechte Dinge passieren. Hat Gott im Sinn, dass die Welt so funktioniert? Wenn ja, ist dann ein dauerhaft florierendes Unternehmen das, was gut ist? Ich kenne die Antworten auf diese Fragen nicht, und Jack auch nicht; ich habe ihn schon oft gefragt.

Wie dem auch sei und was auch immer mit Jacks aktuellem Geschäft passiert, irgendetwas sagt mir, dass Jack in einem oder zwei oder zehn Jahren im Geist und auf der Erde gedeihen und anderen dabei helfen wird, das Gleiche zu tun.

*****

Da haben wir es also: drei Leben im Laufe von mehr als einem Jahr, drei Unternehmen mit unterschiedlichem Erfolg und drei verschiedene Arten von geistlichen Auswirkungen.

Ich möchte dir viel Raum lassen, damit du deine eigenen Schlussfolgerungen ziehen kannst, aber ich möchte auch ein paar Dinge hervorheben, die mir auffielen, als ich diese drei Geschäftsleute beobachtete.

Dom ist einer der lustigsten und charismatischsten Menschen, die ich kenne. Er steckt voller Ideen, und ehrlich gesagt sind viele davon sehr gut. Ihm scheint nur die Perspektive, die Fähigkeit oder die Kapazität zu fehlen (ich weiß es nicht; vielleicht kann mir ein Business-Coach sagen, was es ist), um seine Ideen in die Tat umzusetzen.

Die Metallstreifen, die aus ihm hervorquollen, sahen aus wie Rohmaterial. Sie waren vom Himmel. Sie waren gut. Aber er hatte nicht die Werkzeuge, das Team oder das Know-how, um aus diesen Rohstoffen etwas Nützliches zu machen.

Jetzt, wo Dom mit jemandem zusammenarbeitet, der an ihn glaubt, aber auch mehr Weisheit und Erfahrung hat als er selbst, hoffe ich, dass er die Gelegenheit nutzt, um die Unzulänglichkeiten zu erkennen, die so viele seiner Ideen zum Scheitern gebracht haben. Obwohl ich mir sicher bin, dass er teilweise das Gefühl hat, dass er sich verrät, wenn er einen normalen Job annimmt, denke ich, dass genau das ihn zu der Art von Mensch macht, die Träume wahr werden lässt. Ich hatte eine große Hoffnung und die Güte des Herrn gespürt, als ich sah, wie die Engel diese Rohmaterialstreifen einschmolzen und wieder in ihn hineinlegten. Gott verschwendet nichts.

Wills Geschäft ist weiter gewachsen. Er ist immer noch einer der am geistlich gesinntesten Menschen, die ich kenne, und er teilt viele Aspekte von Jacks Vision, durch Reich-Gottes-Unternehmen die Welt zu transformieren. Trotz seines geistlich disziplinierten Lebensstils war er jedoch nicht in der Lage zu erkennen, dass seine familiären Werte, so edel sie auch sein mochten, ihn zu Entscheidungen verleiteten, die seinem Unternehmen praktisch und geistlich schadeten. Obwohl es seine Absicht war, seinem Cousin in Liebe zu begegnen, schadete sein Mangel an Grenzen und klarer Kommunikation seinen Mitarbeitern, sorgte dafür, dass er seinem Cousin gegenüber mit Groll zu kämpfen hatte, und beraubte ihn der Möglichkeit zu wachsen.

Es ist leicht herauszufinden, was in diesem Szenario falsch war, aber wir alle müssen demütig erkennen, dass unsere Codebücher immer auch Facetten haben, die uns zu ebenso offensichtlichen Fehlern verleiten. Nur durch die verwandelnde Kraft von Gottes Gnade und die gleiche Gnade, die gesunden Beziehungen zu anderen und deren Einsicht entspringt, können wir über unsere ungesunden Codebücher hinauswachsen und lernen, in der Sprache des Himmels zu sprechen und zu denken.

Jacks Geschichte ist in mancherlei Hinsicht die schwierigste. Er ist genauso wenig perfekt wie jeder andere, aber er ist ein Mann mit Charakter, Salbung und Vision. Ein Teil von mir hat das Gefühl, dass ein Mann wie er, der sein Unternehmen auf den Prinzipien des Königreichs aufbaut, immun gegen das Auf und Ab der Wirtschaft sein sollte. Wenn sein Ansatz immer noch Wachstum, Anpassung, Risiko und Scheitern erfordert, warum ist er dann besser als jeder andere? Ich weiß es nicht – jedenfalls nicht aus der Unternehmensperspektive. Aber aus der geistlichen Perspektive habe ich Jacks Reise anders gesehen.

Jede Person, die für ihn arbeitet, jeder Ort, den er besucht, jeder Ratschlag oder jede Ermutigung, die er gibt – all das setzt denselben blühenden Garten frei. Er setzte ihn frei, als er zaghaft in einem neuen Geschäftsfeld anfing. Er setzte ihn frei, als sein Unternehmen wuchs und florierte. Er setzt ihn auch heute noch frei, selbst wenn sein Unternehmen am Rande des Zusammenbruchs steht.

Wenn Jack Geschäfte macht, sehe ich dieselbe Herrlichkeit, wie wenn meine Frau läuft, dieselbe Herrlichkeit, wie wenn ein

Raum voller Menschen in Anbetung versunken ist, dieselbe Herrlichkeit, wie wenn ein Bibellehrer die Geheimnisse der Bibel entschlüsselt. All dies sind Akte der Anbetung, die in ihrer Ausprägung einzigartig, in der Art, wie sie Gottes Herrlichkeit offenbaren, aber gleich sind.

Vielleicht werden Jacks Geschäfte immer anfällig für die Auswirkungen von Zeit, Verrat und Zufall sein. Vielleicht funktioniert eine Welt mit Sünde einfach so. Aber irgendetwas sagt mir, dass, egal wie viele von Jacks Geschäften scheitern, derselbe Garten aus ihm und allem, was er berührt, fließen wird. Auch wenn die Realität seines Lebens nicht immer mit dem übereinstimmt, was im Geist geschieht, glaube ich, dass sein Leben – und sein Geschäft – immer wieder den Weg zurückfinden wird, um die Realität des Geistes widerzuspiegeln und Gottes Herrlichkeit durch das Geschäft freizusetzen.

Kapitel 6

Meine Geschichte, Teil 2

Als ich zwölf Jahre alt war, erfuhr ich, dass die Dinge, die ich sah, mit einer Gabe zusammenhingen. Das hat mich verändert. Ich hatte gedacht, ich würde meinen Verstand verlieren und der Teufel hätte beschlossen, mein Leben zu ruinieren. Jetzt aber hatte ich eine Gabe, mit der ich Menschen segnen konnte, und ich stürzte mich mit ganzem Herzen, ganzer Seele und ganzem Verstand darauf.

Ich übte mich nun jeden Tag darin, im Geist zu sehen. Ich schrieb Hunderte von Notizen über die Dinge auf, die ich sah. Ich sprach fast jede Woche mit den prophetischen Leitern in der Gemeinde. Ich las jedes Buch, das ich über das Prophetische finden konnte. Ich ging jede Woche zu prophetischen Schulungstreffen. Ich wuchs so schnell, wie ich nur konnte.

Ich erzählte von den Dingen, die ich sah, so oft ich das Gefühl hatte, dass ich es tun sollte. Manchmal lief das gut und die Menschen wurden gesegnet und ermutigt. Manchmal lief es nicht so gut und die Menschen waren verwirrt oder verängstigt. Aber ich dachte mir, dass ich diese Probleme schon bald in den Griff bekommen würde. Ich war noch ein Kind; ich hatte noch viel Zeit zu lernen. Dann geschah etwas, das meinen Motor zum Stillstand brachte.

Es gab einen bestimmten Leiter, mit dem ich am engsten vertraut war. Er interessierte sich besonders für mich, nahm mich unter seine Fittiche und half mir, meinen Weg mit dem Prophetischen zu finden. Das lief anfangs großartig. Er war sehr freundlich und verständnisvoll und immer bereit zu helfen.

Das erste Anzeichen für ein Problem war sehr subtil. Ich war auf einer Jugendfreizeit in den Bergen, und während ich dort war, sah ich eine Menge Dämonen um die Kinder herum. Ich rief ihn an, um das zu verarbeiten, aber er klang sofort genervt.

„Ich glaube, du hast einfach zu viel Pizza gegessen", sagte er. „Warum sollte sich der Teufel überhaupt mit einem Haufen Kinder abgeben?"

Ich konnte nicht sagen, ob er mich aufmuntern wollte oder ob er mich einfach nur abwimmeln wollte, aber irgendetwas an dieser Interaktion war seltsam. „Zu viel Pizza" war seine Art von Codewort dafür, dass jemand etwas nicht richtig wahrnahm. Ich hatte zwar nichts dagegen, dass ich das, was ich sah, falsch interpretierte, aber dass er so leichtfertig über etwas sprach, das ich mit meinen Augen sah, beunruhigte mich.

Die Frage „Warum sollte sich der Teufel mit einem Haufen Kinder abgeben?" war ebenso verwirrend. Ich meine, warum sollte er das nicht tun? Wollte er damit zum Ausdruck bringen, dass junge Menschen nicht wichtig seien? Wollte er sagen, dass der Teufel nur begrenzte Ressourcen habe?

Mein Hauptproblem war, dass seine Antworten nicht mit dem übereinstimmten, was ich unter der Sprache des Himmels verstand, auch wenn ich es damals nicht so hätte ausdrücken können. Irgendetwas an dem, was er sagte, fühlte sich falsch an. Aber ich wollte nicht mit ihm streiten; er war älter und erfahrener, also musste er Recht haben. Doch irgendetwas an dem Gespräch untergrub einen Teil des Vertrauens, das sich zwischen uns aufgebaut hatte.

Nachdem der Anruf meine Unruhe noch verstärkt hatte, suchte ich mir einen ruhigen Ort und verbrachte Zeit mit dem Herrn. Als ich das tat, wurden die dämonischen Dinge, die ich sah, kleiner und kleiner. Die Angst, die ich empfunden hatte, schmolz dahin. Mir wurde klar, dass ich das Dämonische nicht aus der Perspektive des Himmels betrachtet hatte, sondern aus der Sicht eines verängstigten Jungen, der von seinen Eltern getrennt war. Zum ersten Mal wurde mir klar, wie wichtig es ist, dass man das Dämonische nur anschauen sollte, wenn man im Himmel sitzt.

Von da an fühlten sich alle meine Interaktionen mit diesem Leiter komisch an. Vielleicht lag es daran, dass unser letztes Gespräch mich aufhorchen ließ, oder vielleicht lag es daran, dass etwas in seinem Leben im Argen lag. Ich habe es nie herausgefunden. Ein paar Monate später verschwand er aus meinem Leben. Ich fand schließlich heraus, dass er gebeten worden war, die Gemeinde zu verlassen. Manche sagten, er habe ein Alkoholproblem, andere meinten, er habe sich einer Schülerin gegenüber übergriffig verhalten, und wieder andere behaupteten, er sei Opfer der Gemeindepolitik geworden; ich weiß es immer noch nicht genau.

Das erschütterte mich mehr, als mir zunächst bewusst war. Ich hatte zwar kein gutes Gefühl bei unseren letzten Begegnungen gehabt, aber er war immer noch einer der wichtigsten Einflüsse in meinem Leben gewesen, was das Prophetische und mein beginnendes Verständnis der Gabe, im Geist zu sehen, anging. Sein plötzliches Verschwinden aus meinem Leben, vor allem unter diesen verwirrenden Umständen, verursachte Risse in meinem Fundament, die ich erst viel später erkannte.

Die Zeit verging. Ich wurde ein Teenager. Ich ging zur Schule. Ich lernte weiter über das Prophetische. Ich sah weiterhin jeden Tag mehr im Geist, aber aus irgendeinem Grund fühlte ich mich mit dieser Gabe nicht effektiv oder hilfreich. Sicher, die Menschen waren gesegnet, wenn ich ihnen sagte, wie ihr persönlicher Engel aussah, oder beschrieb, wie Engel während des Gottesdienstes tanzten, aber genauso viel von dem, was ich erzählte, verwirrte die Menschen.

„Warum hält mein Engel eine Vase mit Öl in der Hand? Soll ich etwas salben?“

„Du sagst mir, dass ein Dutzend Engel in den Dachbalken warten, aber was soll ich tun? Muss ich etwas Bestimmtes beten?“

„Wenn der Typ drei Dämonen an sich hängen hat, sollte ich ihn dann aus dem Gebäude werfen?“

Ich hatte das Gefühl, dass ich kaum 10 Prozent von dem verstand, was ich sah, und dabei sah ich jeden Tag immer mehr. Ich war überwältigt von den vielen Schichten von Dingen, die in jedem Moment im Geist geschehen. Wie sollte ich all das, was geschah, überhaupt mitbekommen? Wie sollte ich erkennen, was ich weitergeben sollte? Wie sollte ich diese Dinge tun, wenn ich kaum verstand, was ich da sah?

Die Zeit verging wie im Flug und meine Sicht der Welt erweiterte sich immer mehr. Ich lernte etwas über Geschichte, Nachrichten und das Leben außerhalb der Blase, in der ich aufwuchs. Die gleiche Tendenz zu Fragen, die ich in Bezug auf das Prophetische und das, was ich im Geist sah, hatte, führte dazu, dass ich mich mit größeren existenziellen Fragen beschäftigte.

- Wenn wir alle persönliche Engel haben, wenn Gottes Gegenwart bei uns ist und wenn der Heilige Geist in uns ist, warum passieren dann schlimme Dinge?
- Warum kämpfen und hungern manche, während andere jeden Tag unzufrieden damit sind, mehr zu haben, als sie brauchen?
- Haben Menschen ein besseres Leben, weil sie gottesfürchtiger sind? Das scheint nicht immer so zu sein.

Ich stellte einige dieser Fragen Menschen in meinem Umfeld, auch Leitern, aber alle ihre Antworten fühlten sich entweder wie billige Ausreden an oder als ob sie dem Thema ausweichen würden.

- Wenn die Kirche aus Gottes Volk besteht, warum zanken, konkurrieren, verleumden und lästern sie dann genauso viel wie die Menschen, die sie als verloren bezeichnen?
- Wenn wir für unsere Liebe bekannt sein sollen, warum erwartet dann jeder, dem ich erzähle, ich sei Christ, dass ich ihn wegen irgendetwas ablehne.

Dennoch fühlten sich die Antworten auf diese Fragen an wie die Weisheiten aus einem Glückskeks, wie Plattitüden, die an der Realität vorbeigehen und mit Unwissenheit untermauert werden.

- Warum gibt es Wirbelstürme, die Städte von der Landkarte verschwinden lassen?
- Warum gibt es Erdbeben, die Tausende töten?
- Warum werden Kinder mit Knochenkrebs geboren?

Ich wollte nicht grob oder gefühllos sein. Ich verstand es einfach nicht.

Und dann, mitten in diesem aufkommenden emotionalen Tumult, las ich etwas über eine psychische Störung namens

Schizophrenie: Halluzinationen, Psychosen und Wahnvorstellungen. Als ich ein Kind war, hatte die Sorge um meine geistige Gesundheit nur einen allgemeinen Namen, wie aus einem Comic: verrückt. Jetzt las ich über zahlreiche Fälle von Menschen, die alle möglichen komplexen Wahnvorstellungen hatten. Sicher, viele der Symptome passten nicht zu meinen Erfahrungen – aber es war ja klar, dass mich Fragen beschäftigten, wie:

- **Woher weiß ich,** dass ich nicht wahnhaft bin?
- **Woher weiß ich,** dass das, was ich glaube, real ist?
- **Woher weiß ich,** dass die Bibel echt ist?
- **Woher weiß ich,** dass Jesus echt ist?
- **Wie groß sind die Chancen,** dass ich zufällig in die richtige Religion hineingeboren bin?

Ich nehme mir noch einmal einen kurzen Moment Zeit, um aus meiner Geschichte herauszutreten, wenn auch nur, um uns eine kurze Pause von der rasanten Abwärtsspirale meines jugendlichen Gedankenlebens zu geben.

Dem bisherigen Verlauf des Buches nach zu urteilen, kannst du dir wahrscheinlich denken, dass diese Glaubenskrise irgendwann gelöst wurde. Entweder das, oder du blätterst in deinem Kopf schnell durch einen Ordner mit der Aufschrift „Einfache Antworten auf schwierige Fragen" und entscheidest, ob „Er lebt in Täuschung" oder „Er ist von der Kirche verletzt" besser passt. Meine Glaubenskrise hatte zweifellos viel mit der schmerzhaften Erfahrung zu tun, die ich mit dem prophetischen Mentor gemacht hatte. Aber meinen Schmerz mit „Du stellst deinen Glauben nur wegen einer Person in Frage" abzutun, ist ein bisschen so, als würdest du zu jemandem gehen, der blutend am Boden liegt, und sagen: „Du stirbst nur, weil du niedergestochen wurdest."

Ich sage das nicht, weil ich dein Mitgefühl brauche; diese Zeit meines Lebens ist längst vorbei und du wirst zu gegebener Zeit sehen, warum und wie. Ich sage das, weil ich erlebt habe, dass Christen oft auf eine Art und Weise reagieren, die andere ungewollt eher über die Klippe des Unglaubens treibt als davon weg.

Ich verstehe, dass es beängstigend ist, jemanden auf diese Klippe zusteuern zu sehen. Dein Herz sagt dir, dass du etwas tun, etwas sagen sollst. Ich finde jedoch, dass dieser Impuls uns oft zu zwei Problemen treibt: Antworten auf Fragen zu geben, die Gott nicht beantwortet, und die wirklichen Probleme in der Gemeinde kleinzureden oder zu ignorieren.

Die Bibel ist voller unbeantworteter Fragen. Das Buch Kohelet ist voll von diesen Fragen; Hiob ist ein Buch, das fast vollständig einer unbeantworteten Frage gewidmet ist; viele Psalmen gehen dem Schmerz und der Verwirrung nach, die ein Leben mit diesen Geheimnissen mit sich bringt, und selbst Jesus ließ viele Gleichnisse unerklärt und viele der Wahrheiten, die er über das Reich Gottes lehrte, unklar definiert.

Wenn es unser Ziel ist, alle Geheimnisse zu beseitigen, dann werden wir unweigerlich zu Schlussfolgerungen kommen, die falsch oder unvollständig sind oder Gottes Plan entgegenwirken. Solche Antworten treiben einen Menschen nur noch schneller auf die Klippe des Unglaubens zu.

Auch wenn ich die Gemeinde von ganzem Herzen liebe, müssen wir anerkennen, dass sie noch nicht die makellose Braut ist, die sie sein soll. Ich habe jede Gemeinde, zu der ich gehörte, geliebt, ich wurde von jeder Gemeinde, zu der ich gehörte, gesegnet, und ich wurde von jeder Gemeinde, zu der ich gehörte, verletzt. Einiges davon wurde von Einzelpersonen verursacht, einiges von ungesunden Kulturen und Systemen innerhalb einer bestimmten Gemeinde, einiges von breiten kulturellen Trends, die durch die amerikanische Kirche fegen, und einiges von historischen Trends in der weltweiten Kirche.

Was tust du dann, wenn du einen Freund oder einen geliebten Menschen auf die Klippe des Unglaubens zusteuern siehst? Du bleibst bei ihm und liebst ihn. Wenn das nach einer allzu einfachen Antwort klingt, dann hast du mich noch nicht verstanden. Liebe ist ein schwieriges und kostspieliges Unterfangen. Liebe bedeutet, mitten im Schmerz bei jemandem zu sitzen, der leidet. Liebe heißt, die Angst zu bekämpfen, die dich dazu bringen will, zu versuchen, die andere Person und ihre Entscheidungen zu kontrollieren. Liebe bedeutet, sich ganz auf ihre Ebene zu begeben und bei ihr zu bleiben. Woher ich das weiß? Weil es das ist, was Jesus für die ganze Menschheit getan hat. Er hat sich ganz auf die Ebene der Menschen herabgelassen. Er lebte ein menschliches Leben. Er hat für uns Schmerzen und Leiden ertragen. Liebe hat viele Gesichter. Dies ist eines davon.

Du kannst es an mir als Teenager üben, wenn du möchtest: Unterdrücke den Impuls, eine Antwort für mich zu finden, und fahre einfach eine Weile auf dieser Achterbahn mit. Ich weiß, dass es für viele von euch beängstigend ist. Ich will niemanden dazu ermutigen, seinen Glauben aktiv in Frage zu stellen; vielleicht ist es *wirklich* besser, nie eine Glaubenskrise zu haben. Krisen können zu Katastrophen führen, das ist wahr, aber sie können uns auch zu dem führen, was wir brauchen. Wir schimpfen gerne über den guten alten zweifelnden Thomas wegen seines Unglaubens und vergessen dabei, dass dies dazu führte, dass er die Löcher in Jesu Händen und die Wunde in seiner Seite berührte.

Damit wären wir wieder bei meinem Teenager-Ich angelangt.

- Ich wusste nicht, ob ich eine psychische Störung hatte oder im Geist sah.
- Ich wusste nicht, ob ich an Gott glaubte.
- Ich wusste nicht, ob ich an Jesus glaubte.

Jeder Christ, mit dem ich darüber sprach, gab entweder leere Antworten oder war so erschrocken über meinen Kampf, dass ich schnell lernte, nicht mehr darüber zu reden.

Als ich mich verloren und allein fühlte, tat ich das Einzige, was sich wie ein Weg nach vorne anfühlte. Ich legte alles, was ich je geglaubt hatte, auf den Tisch, hörte auf, über die Dinge zu reden, die ich sah, und beschloss, herauszufinden, was ich glaube. Ich sagte mir, wenn Gott auch nur annähernd so ist, wie ich dachte, dann könnte er sich mir offenbaren.

KAPITEL 7

Die Sprache des Himmels, Teil 2

Das Erlernen einer zweiten Sprache ist harte Arbeit. Jeder, der eine neue Sprache gelernt oder es versucht hat, weiß das. Du fängst an, indem du dir ein paar Wörter und einige Schlüsselsätze einprägst, aber es geht nur langsam voran. Wenn du an einem Tisch voller Menschen sitzt, die fließend sprechen, verstehst du nur Teile des Gesprächs. Anhand einiger universeller Aspekte der Körpersprache und des Tons kannst du erkennen, ob das Thema humorvoll oder ernst ist. Aber wenn du um eine Übersetzung des Gesprächs bittest, wirst du vielleicht feststellen, dass du die paar Worte, die du verstanden hast, und dein Eindruck vom Tonfall dich auf eine völlig falsche Fährte geführt haben.

Dies ist eine der schwierigen Phasen beim Erlernen einer neuen Sprache, in der viele aus Frustration und Enttäuschung aufgeben. Ich bin mir nicht sicher, an welchem Punkt du auf deiner Reise zur Entdeckung der Sprache des Himmels stehst, aber ich hoffe, dass es dir helfen wird, die nächste Stufe zu erklimmen, wenn du dir einen Moment Zeit nimmst, um dich mit einer weiteren Ebene dieser Sprache zu beschäftigen.

Wir haben bereits darüber gesprochen, dass die Liebe eine der wesentlichsten Grammatikregeln in der Sprache des Himmels ist. Das ist zweifellos der wichtigste Teil, um diese Sprache und die Kultur, aus der sie stammt, zu verstehen. Aber es gibt noch etwas anderes, das fast genauso wichtig ist: die Beziehung zwischen Metapher und Festhalten am Buchstaben.

Ich werde oft gefragt, warum so viele Engel in Rüstungen, mit Speeren oder in Gewändern erscheinen. Warum tragen sie keine kugelsicheren Westen und Turnschuhe und haben keine Maschinengewehre dabei? Ich glaube, diese Frage lässt sich am besten beantworten, wenn man eine größere Frage stellt: Was siehst du eigentlich, wenn du im Geist siehst?

Ich will nicht zu wissenschaftlich werden, aber das, was wir als Sehen bezeichnen, ist ein Phänomen, das dadurch entsteht, dass Licht von Objekten abprallt und in unsere Pupillen eindringt, woraufhin unsere Sehnerven dieses Licht in ein Signal umwandeln, das unser Gehirn dann als Bild interpretiert.

Ich bin der Meinung, dass das, was ich – oder jeder andere, der im Geist sieht –, sehe, nichts mit dem physischen Akt des Sehens zu tun hat. Ich meine damit, dass ich nicht glaube, dass das Licht aus der Umgebung auf einen Engel trifft und in meine Augen reflektiert wird. Ich glaube, dass das, was ich sehe, eine offene Vision ist, ein prophetisches Bild. Offene Visionen sind, wie die meisten prophetischen Bilder, sowohl wörtlich als auch metaphorisch zu verstehen. Wenn wir verstehen, inwiefern sie wörtlich und inwiefern sie metaphorisch sind, können wir dieses Stück Grammatik der Sprache des Himmels meistern.

Es ist wie mit den Symbolen auf deinem Smartphone. Wenn du mit dem Finger darüberstreichst, rutscht ein Set von Symbolen zur Seite und macht Platz für eine neues Set von Symbolen. Die Symbole sind dabei nicht buchstäblich in die Leere links von deinem Telefon gerutscht. Sie haben sich überhaupt nicht bewegt, nicht wirklich. Die Interaktionen, die du mit den Symbolen auf deinem Telefon hast, sind eine Darstellung, eine Metapher, für die Betriebssoftware des Telefons, deine Anwendungen und die zugrunde liegenden Daten, mit denen sie alle zusammen funktionieren.

Ich möchte es vermeiden, zu technisch zu werden, denn dies ist kein Buch über Softwareentwicklung, aber die Art und Weise, wie wir Computer und Smartphones benutzen, ist ein hilfreicher Vergleich. Die Rohdaten und der Code hinter der Software, die wir jeden Tag benutzen, wären für die meisten von uns völlig unverständlich. Deshalb haben clevere Designerinnen und Designer grafische Benutzeroberflächen entwickelt, mit denen Menschen mit komplexen Computersystemen auf eine intuitive Weise interagieren können, die sie leichter verstehen.

Tragen Engel buchstäblich eine Rüstung, halten sie Speere und sind sie in Gewänder gekleidet? Ich glaube nicht, aber ich denke, dass die Rüstung, die sie tragen, die Speere, die sie in der Hand halten, und die Gewänder, in die sie gekleidet sind, ein metaphorisches Bild dafür sind, wer sie sind und wofür sie da sind.

Mysterium und Metapher

Ich habe früher in der Fleischabteilung eines Kaufhauses im Norden von Atlanta gearbeitet. An einem Freitagabend räumte ich auf und behielt die Uhr im Auge, da es auf den Ladenschluss zuging. Ich hatte alle meine Hauptaufgaben erledigt und beschloss, mir die Zeit zu nehmen, die großen Fenster zu putzen, die zur Ladenetage hin lagen. Alle anderen Arbeiter waren bereits gegangen, sodass ich viel Zeit hatte, in Ruhe zu arbeiten und nachzudenken.

Während ich die Fenster putzte, begann ich die Leute zu beobachten, die im Kaufhaus herumliefen. Ich habe noch nie jemanden getroffen, der keinen persönlichen Engel hat, und auch unter den Menschen, die vor der Fleischabteilung unterwegs waren, gab es keine Ausnahme.

Ich begann über die Logistik all dieser Dinge nachzudenken, als ich die Wellen von Freitagabend-Einkäufern beobachtete, die sich ihr Steak oder ihren Rinderbraten holten. Es gibt inzwischen acht Milliarden Menschen auf diesem Planeten – etwas mehr als vier werden pro Sekunde geboren und etwas weniger als zwei sterben in der gleichen Zeit. Das sind eine Menge Engel für eine Menge Leute! *Gibt es acht Milliarden Engel? Müssen sie doppelte Arbeit leisten, seit wir eine Milliarde überschritten hatten?*

Während ich darüber nachdachte, kam ein Mann vor das Fenster und begann, sich die Steaks anzusehen. Er trug einen schönen Pullover, der genau zu seiner schönen Jeans passte und von seinen schönen Schuhen komplettiert wurde. Er hatte kurzgeschnittenes Haar, dunkle Haut und eine freundliche, selbstbewusste Körperhaltung; er sah wie ein netter Mensch aus.

Sein Engel war etwa 30 cm größer als er, mit einem schmalen und sanften männlichen Gesicht. Er schaute nicht zu mir her, als ich ihn anstarrte, sondern stand stoisch an der Seite seiner Person. Er trug einen blassblauen Mantel, der aussah, als sei er für das Reisen gemacht.

„Was geschieht, wenn ihr Schützling stirbt?", fragte ich mich. „Schauen sie sich nach jemand anderem um? Werden sie zugeteilt? Können sie ein Veto gegen jemanden einlegen, den sie nicht mögen? Gibt es eine Verlosung?"

Der Engel bei dem gut gekleideten Mann schaute zu mir her, als hätte ich meine Gedanken laut ausgesprochen. Sobald sich unsere Blicke trafen, wurde ich in eine Vision hineingezogen. Ich war mir zwar noch bewusst, dass ich in der Fleischabteilung stand und nahm auch noch meine Umgebung wahr, aber meine ganze Aufmerksamkeit war auf die lebendigen Bilder konzentriert, die durch meinen Kopf strömten.

Ich sah eine junge schwarze Frau bei der Entbindung – der Engel mit dem blauen Mantel stand an ihrer Seite. Es war ein perfektes Baby, ein Mädchen, und der Engel schaute genauso entzückt wie die Mutter. Ich sah, wie das Mädchen heranwuchs. Ich sah ein Weihnachten, an dem ihre Mutter es sich nicht leisten konnte, die Puppen zu kaufen, die sich das Mädchen wünschte, und ihr stattdessen ein paar gebrauchte Spielsachen aus dem Secondhandladen schenkte. Ich sah auch, wie ihr Vater, wenn er mal anwesend war, meist schrie und trank. Der Engel war immer da, um sie zu halten, wenn ihr die Tränen kamen, und um sie zu verbergen, wenn der Zorn ihres Vaters in physische Gewalt ausartete.

Ich beobachtete den Engel, wie er sie tröstete, als die anderen Kinder in der Schule sich über ihre Kleidung lustig machten, und wie er sie lehrte, wenn keiner da war, um ihr bei den Hausaufgaben zu helfen. Ich hörte ihn lachen, als sie das Fahrradfahren lernte, und sah ihn weinen, als sie das erste Mal Drogen nahm, um die Wunden zu betäuben, die von ihrem Vater stammten.

Der Engel war bei ihr, als sie wütend ihr Zuhause verließ und schwor, nie mehr zurückzukehren, und er blieb bei ihr, als sie zum ersten Mal ihre Unschuld verkaufte, um sich vor dem Verhungern zu retten. Jahre der Gebrochenheit und des Leids ließen das meiste verblassen, was von dem kleinen Mädchen noch in ihrem Gesicht verblieben war, aber der Engel folgte ihr immer noch und kümmerte sich um die Frau, so wie er sich um das Kind gekümmert hatte.

Ich sah eine dunkle, vom nächtlichen Regen durchnässte Gasse und einen Mann mit einem finsteren Herzen, der ihr mit Gewalt das raubte, was ihr an Würde geblieben war. Der Engel stand über ihr, in jeder Hand ein Schwert, und bekämpfte wie rasend die überhandnehmende Finsternis. Er schlug auf Schatten mit höhnisch lachenden Gesichtern ein, die in die Gasse strömten. Seine Hiebe waren schneller als ein wirbelnder Trommelschlag. Er sprang von einer Seite zur anderen und warf sich jedem Schatten in den Weg, der sich ihr näherte.

Sein Kampf war schön, aber schrecklich. Er war ein Spitzensportler, der alles gab, was er hatte. Ein Meister, der sein Handwerk beherrschte. Es war Verzweiflung. Ich habe noch nie jemanden für etwas so hart kämpfen sehen. Trotzdem brach die Finsternis herein und ließ die Frau mit Blutergüssen am Hals zurück, wo schändende Hände ihr den letzten Atem herausgepresst hatten. Der Engel fiel auf die Knie, blutend und zerschrammt; dann verblasste das Bild.

Als Nächstes sah ich eine andere Mutter bei der Entbindung. Diesmal lächelte der Engel mit dem blauen Mantel auf einen kleinen Jungen herab. Ich sah, wie er aufwuchs und zu Weihnachten stapelweise Geschenke von Onkeln, Tanten und Großeltern bekam, die alle wussten, wie man seiner Liebe Ausdruck verleiht. An der Seite des Vaters half der Engel, den Jungen auf seinem ersten Fahrrad anzuschieben. Ich beobachtete, wie seine Eltern für alle Bedürfnisse des Jungen sorgten. Sie waren nicht wohlhabend, hatten aber auch keinen Mangel.

Der Engel stand an der Seite des Jungen, während sein Vater ihn über das Geschäftsleben und den Umgang mit Finanzen unterrichtete. Er jubelte bei seinen Abschlussfeiern, feuerte ihn im Sport an und lachte über die unbeholfenen Schritte bei Schultänzen – immer begleitet von Eltern mit lächelnden Gesichtern. Ich beobachtete, wie der Junge zu dem jungen Mann heranwuchs, der vor mir stand und Steaks für das Abendessen aussuchte.

Dann sah ich ein anderes Bild. Der junge Mann fuhr in einer dunklen und regnerischen Nacht durch die Straßen der Innenstadt von Atlanta. Der Engel mit dem blauen Mantel saß auf dem Beifahrersitz. Als der gutgekleidete Mann an eine Ampel kam, streckte der Engel eine Hand aus und drückte sie gegen die Brust des Mannes. Das Auto kam langsam zum Stehen, obwohl die Ampel grün zeigte. Mit der anderen Hand zeigte der Engel durch das Beifahrerfenster in eine dunkle Gasse hinein.

Mit einem Zögern auf dem Gesicht stieg der Mann aus und ging durch die Gasse. Der Engel folgte. Dort fand der Mann eine tote Prostituierte, nahe einem Müllcontainer. Der Engel im blauen Mantel kniete nieder und weinte über das Mädchen, während derselbe Engel auch an der Seite des gutgekleideten Mannes ging. Der kniende Engel stand auf, nahm Blickkontakt mit sich selbst auf und verschwand dann; es blieb nur derjenige, der mit dem Mann war.

Der zögernde Ausdruck stand dem Mann immer noch im Gesicht, als er sich über die tote Frau beugte und seine Hand auf ihr Herz legte. Sofort füllten sich die leeren Lungen und die Frau krümmte sich, als das Leben in sie zurückkehrte. Der Mann half ihr auf die Beine und in sein Auto. Sie fuhren im strömenden Regen davon; der Engel saß auf dem Rücksitz.

Ich wischte mir die Tränen vom Gesicht und schaute den Engel mit dem blauen Mantel an, der auf der anderen Seite des Fensters der Fleischabteilung stand.

„Ist das schon passiert?", dachte ich.

Der Engel schüttelte den Kopf. Nein.

Ich verstand, was er meinte. „Dann wird es noch so passieren?", fragte ich in Gedanken. „Wird er sie retten?"

Der Engel senkte den Blick und lächelte resigniert. Ich sah die Antwort auf seinem Gesicht viel klarer, als wenn er sie laut ausgesprochen hätte: „Er könnte."

*****

Diese Geschichte kommt mir immer wieder in den Sinn, wenn ich versuche, die Logistik der geistlichen Welt zu verstehen. Ich fragte mich, welche genaue Funktion persönliche Engel haben und wie sie in der Praxis eingesetzt werden. Die Antwort, die ich bekam, war, wenn du es so nennen willst, eine Vision, die mich so sehr berührte, dass ich kaum noch daran denken kann, ohne in Tränen auszubrechen. Bedeutet das, dass ich die falsche Art von Frage gestellt hatte? Nicht unbedingt.

Wenn wir diese Geschichte nur als Antwort auf meine spezielle sachliche Frage betrachten, könnten wir ein paar vernünftige Erkenntnisse darüber gewinnen, wie die geistliche Welt funktioniert: Engel scheinen sich nicht so auf Zeit und Raum zu beziehen wie wir. Das bedeutet, dass es nicht unbedingt acht Milliarden Engel geben muss, um die Bevölkerung der Erde abzudecken. Damit ist zwar eine sachliche Frage beantwortet, aber ich denke, ihr werdet mir zustimmen, dass wir den Kern der Sache verfehlt haben, wenn dies das Einzige ist, was wir aus dieser Geschichte gelernt haben.

Aus dieser Geschichte habe ich eine übergreifende Wahrheit mitgenommen, die sich immer noch auf die Art und Weise auswirkt, wie ich über alles denke, was ich in der geistlichen Welt sehe. All die Komplexität, die Feinheiten und die Details, wie die geistliche Welt funktioniert, sollen einem einzigen Zweck dienen: Gottes Wesen zu offenbaren.

Darüber hinaus ließ mich diese Geschichte mit weit mehr Rätseln und Fragen zurück, als sie Antworten gab. Warum war der Engel nicht in der Lage, das Mädchen zu retten? War die Dunkelheit mächtiger als das Licht? War sie nur ein Opfer der boshaften Ausübung des freien Willens eines anderen Menschen? War sie ein Opfer der Konsequenzen ihres eigenen Handelns? Wenn ja, wie kann das gerecht sein, wenn sie in ein so schweres Leben hineingeboren wurde?

Ich glaube, dass diese Geschichte mehr als alles andere eine Einladung ist, sich auf ein Geheimnis einzulassen. Sie versucht nicht, die Fragen zu beantworten, die ich dazu habe. Sie offenbart das Wesen Gottes. Es ist keine Geschichte darüber, warum der Engel die Finsternis nicht aufhalten konnte. Es ist eine Geschichte darüber, wie sehr er darum kämpfte, sie aufzuhalten. Es ist keine Geschichte darüber, warum schlimme Dinge passieren.

Es ist eine Geschichte darüber, wie der Himmel auf die schlimmen Dinge, die passieren, reagiert.

Ich habe diese Vision vor fast dreizehn Jahren gesehen und ich habe immer noch all die Fragen, die ich direkt nach der Vision hatte. Aber ich spüre auch immer noch die Leidenschaft und die Fürsorge, die der Engel von der Geburt der Frau bis zu ihrem Tod gezeigt hat; ich fühle immer noch die Offenbarung einer Liebe, die größer ist, als mein Herz sie fassen kann. Ich kann sie fühlen, als hätte ich die Vision vor fünf Minuten gesehen.

Das erinnert mich an den blinden Mann, zu dem Jesus und seine Jünger in Johannes 9 kamen. Sie fragten Jesus, wessen Sünde es war, dass er blind geboren wurde – die seiner Eltern oder seine eigene. Jesus antwortete, dass es weder das eine noch das andere war, sondern dass die Werke Gottes an ihm offenbar werden sollten.

Heißt das, dass Gott diesen Mann blind gemacht hat, damit Jesus alle mit einem Wunder beeindrucken kann? Das glaube ich nicht. Ich denke, dass Jesus die Vorstellung der Jünger von der Sprache des Himmels korrigiert. Sie hatten eine vorgefasste Meinung über die Gerechtigkeit des Himmels in Bezug auf Sünde und Blindheit. Jesus korrigierte ihre Sichtweise, aber was er sagte, ließ noch viel Raum für Geheimnisse.

Wenn wir Gott nahekommen wollen, müssen wir mit Geheimnissen zurechtkommen. Das bedeutet nicht, dass wir aufhören, Fragen zu stellen; es bedeutet auch nicht, dass wir alles, was keinen Sinn ergibt, einfach in einen großen Behälter mit der Aufschrift „Geheimnis“ werfen und vergessen. Es bedeutet, dass wir uns mit dem Schmerz des Nichtwissens anfreunden, dass wir lernen, den Schmerz zu verarbeiten, wenn die Dinge nicht so funktionieren, wie wir es erwarten, und dass wir auf das achten, was Gott sagt, anstatt uns mit dem zu beschäftigen, was er nicht sagt.

Wie der Mond funktioniert

Weiter vorne habe ich beschrieben, dass ich einen Engel in einer silbernen Rüstung gesehen habe, der aussah, als wäre er Mitte fünfzig. Ich glaube nicht, dass Engel mit der Zeit so umgehen wie wir, also ist die Aussage, dass ein Engel in den Fünfzigern ist, aus buchstäblicher Sicht nicht sehr zutreffend. Ich glaube jedoch, dass es ein wahres Bild des Wesens dieses Engels ist. Aber was soll dieses Bild aussagen? Was bedeutet es? Nun, das ist der Punkt, an dem es knifflig werden kann.

Metaphern sind von Natur aus nicht konkret. Sie messen Dinge, die mit Zahlen schwer zu messen sind. Sie sagen Dinge, die unmöglich zu sagen sind. Sie beschreiben die Realität zwischen all den Fakten. Falls sich das etwas unklar und ungenau anhört, dann liegt das daran, dass es so ist. Metaphern werden leicht falsch interpretiert, falsch angewandt und missverstanden. Deshalb müssen wir, egal wie viel Erfahrung oder Fachwissen wir mit Prophetie, dem Sehen im Geist oder anderen Geistesgaben haben, die Demut haben zu akzeptieren, dass wir die Dinge, die wir hören, spüren und wahrnehmen, immer missverstehen, falsch anwenden oder falsch interpretieren können.

Auch wenn sich einige von euch gegen den Gedanken sträuben, dass die Metapher ein Grundpfeiler der Sprache des Himmels ist, müssen wir diese Realität akzeptieren. Gott hat uns immer wieder gezeigt, dass sie Teil der Art und Weise ist, wie er uns sich selbst, sein Reich und sein Wesen präsentieren will.

Von den Visionen der Propheten im Alten Testament über die Gleichnisse Jesu bis hin zu den offenen Visionen im Buch der Offenbarung – die Bibel ist voll von Metaphern. Einige der schrecklichsten biblischen Fehlinterpretationen in der Geschichte sind darauf zurückzuführen, dass jemand das Verhältnis zwischen dem Wörtlichen und dem Metaphorischen in diesen Passagen missverstanden hat.

Dir gefällt vielleicht nicht, dass dies zu Ungenauigkeiten führt, aber es ist eindeutig ein grundlegender Teil von Gottes Plan, mit uns zu kommunizieren. Ich zögere zwar, darüber zu spekulieren, warum er die Dinge so gestaltet hat, aber ich hatte ein Erlebnis mit einem meiner Kinder, das mir eine kleine Vorstellung davon gab, warum das so sein könnte.

Eines Abends fuhr ich mit meinem Sohn auf dem Rücksitz nach Hause. Er war drei Jahre alt und wurde immer geschickter darin, seine neu entdeckte Fähigkeit zu sprechen zu nutzen, um

Fragen über alles Mögliche zu stellen. Es war schon fast dunkel, und als wir in unsere Einfahrt fuhren, bildeten die Bäume in unserem Vorgarten den perfekten Rahmen für das Licht des Vollmonds. Ich beobachtete meinen Sohn im Rückspiegel, als er hochblickte und den Mond sah; seine kleine Nase zuckte, als er die Frage in seinem wachsenden Verstand formte.

„Papa?"

„Ja?"

„Wie funktioniert der Mond?"

Ich bin mir nicht sicher, ob du das schon an mir bemerkt hast, aber ich bin ein großer Fan der Wissenschaft. Wenn mein Sohn mir also eine offene Frage über den Mond stellt, schießt ein Aktenschrank in meinem Gehirn auf und alles von meiner Präsentation über den Mond auf drei Tafeln aus der dritten Klasse bis hin zu einer PowerPoint-Präsentation, die ich in der Highschool gemacht habe, fliegt heraus.

Ich dachte daran, ihm zu erzählen, wie der Mond die Gezeiten und die Umlaufbahn der Erde um die Sonne beeinflusst. Ich dachte daran, ihm von der synchronen Rotation des Mondes mit der Erde zu erzählen und wie es dazu kommt, dass immer dieselbe Seite des Mondes der Erde zugewandt ist. Ich dachte daran, ihm zu erzählen, dass die Erdbeben auf dem Mond Mondbeben genannt werden, wie gefährlich die erste Mondlandung war und wie viel leichter er wäre, wenn er auf der Mondoberfläche stehen würde.

Als ich in Gedanken all die netten Fakten über den Mond durchging, die ich meinem Sohn in den Schoß legen wollte, schaute ich in sein entzückendes Gesicht und mir wurde etwas klar. Wenn ich ihn mit all meinem Wissen über den Mond überhäufen würde, wäre er wahrscheinlich überfordert. Er verfügte nicht über das nötige Hintergrundwissen und den Kontext, um das meiste von dem zu verstehen, was ich zu sagen hatte. Wenn ich alles auf ihn abladen würde, würde er beim nächsten Mal vielleicht gar nicht mehr fragen.

Ich wartete einen Moment und überlegte, wie ich ihm so viel wie möglich über die Funktionsweise des Mondes erzählen konnte, je nachdem, wie sein Reifegrad war und was er verkraften konnte. Während ich diese kurze Denkübung durchführte, kam mir plötzlich eine Erkenntnis: „Das ist es, was Gott ständig mit uns macht."

Die Kluft zwischen meinem Wissen und dem meines Sohnes war nichts im Vergleich zu der Kluft zwischen meinem Wissen und dem Wissen Gottes. Gottes und sein Kontext sind unendlich viel größer als mein Wissen und Kontext. Vielleicht sind einige der Fragen, die ich ihm stelle, die Rätsel, die mich verwirren, und die Dinge, die ich als Ungereimtheiten empfinde, genau so, wie wenn mein Sohn mich fragt, wie der Mond funktioniert.

Vielleicht sind die Stellen, an denen die Bibel Metaphern verwendet, die Stellen, an denen die Grenzen des menschlichen Fassungsvermögens uns daran hindern würden, die wahre Antwort auch nur ansatzweise zu begreifen. Vielleicht ist das Himmelreich so groß, schön und komplex, dass Jesus uns nur in Gleichnissen erzählen konnte, wie es ist.

Um die Sprache des Himmels zu lernen, muss man mit Geheimnissen leben können und bereit sein, trotz der Beschränkungen einer Metapher die Dinge verstehen zu wollen. Wir haben es mit einem Wesen zu tun, das den Rahmen unserer menschlichen Erfahrung sprengt, das uns aber zum Glück eingeladen hat, es kennenzulernen. Genauso wie ich meinem Sohn auf seine Frage, wie der Mond funktioniert, eine vereinfachte Antwort gegeben habe, ist Gott nicht aus Bosheit oder mangelndem Interesse unnahbar oder vage. Ich glaube, dass er möchte, dass wir so viel wie möglich von ihm wissen. Ich glaube, dass Metaphern und Geheimnisse ein wichtiger Teil der Sprache des Himmels sind; denn zu lernen, dass Gott jenseits menschlicher Erkenntnis ist, ist Teil dessen, dass wir ihn kennenlernen. Es ist eine seltsame Dichotomie, aber wir müssen lernen, uns darauf einzulassen, wenn wir Gott besser kennenlernen wollen.

C.S. Lewis, ein Meister der Erforschung des Geheimnisses und der Metapher des Wesens Gottes, hat es in seinem Essay „The Weight of Glory" gut ausgedrückt:

> Der Himmel liegt per Definition außerhalb unserer Erfahrung, aber alle verständlichen Beschreibungen müssen sich auf Dinge

> beziehen, die in unserem Erfahrungshorizont liegen. Das biblische Bild vom Himmel ist daher genauso symbolisch wie das Bild, das unsere Sehnsucht aus sich selbst heraus für sich erfindet; der Himmel ist nicht wirklich voller Juwelen, genauso wenig wie er wirklich die Schönheit der Natur oder ein schönes Musikstück ist.[1]

Liegt es am Wesen dieses Engels oder an meiner Perspektive, wenn ich einen Engel in silberner Rüstung sehe, der wie ein Mann in den Fünfzigern aussieht? Ich denke, dass es unweigerlich auf beides zurückzuführen ist. Bis zu einem gewissen Grad sehen viele Menschen Engel mit Schwertern und Rüstungen, weil sie das so erwarten. Wie können wir dann auf die Gültigkeit und Richtigkeit dieser Vorstellungen vertrauen? In einem späteren Kapitel werden wir dieser Frage auf den Grund gehen, aber erst einmal möchte ich dir ein paar Hinweise geben, damit du nicht zu weit vom Weg abkommst.

Zuerst müssen wir die Autorität der Schrift respektieren und achten. Heutzutage ist es in Mode, selbst das in Frage zu stellen, aber ich finde, Lewis bringt es in der Aussage, die unmittelbar auf die obige folgt, auf den Punkt:

> Der Unterschied ist, dass die biblischen Bilder Autorität haben. Sie stammen von Autoren, die Gott näher waren als wir, und sie haben sich im Laufe der Jahrhunderte in der christlichen Erfahrung bewährt.[2]

Jedes Bild, jede Vision und jede Interpretation, die nicht mit der Botschaft und dem Kern der Heiligen Schrift übereinstimmt, ist falsch. Wer davon abweicht, lädt das Chaos geradezu ein. Aber auch das müssen wir mit viel Demut angehen. Wie bereits erwähnt, wurden die Bilder und Metaphern der Heiligen Schrift von wohlmeinenden Lesern und Lehrern oft missverstanden oder falsch angewandt. Deshalb ist der zweite Hinweis so wichtig.

---

[1] C. S. Lewis, *The Weight of Glory & Other Addresses* (New York: Macmillan Publishers, 1980), 11.

[2] dto., 33.

Alle Gaben des Geistes sind dazu bestimmt, im Kontext einer Gemeinschaft zu funktionieren. Die einzige Möglichkeit, dich vor deiner eigenen Fehlinterpretation und deinem Missverständnis der geistlichen Welt und der Bibel zu schützen, besteht darin, konsequent in der eisenschärfenden Dynamik einer gesunden Gemeinschaft zu leben. Ich weiß, dass nicht jede Gemeinschaft gesund ist, und ich weiß, dass du vielleicht nicht weißt, wo du eine gesunde findest. Dennoch, denke ich, ist eine unvollkommene Gemeinschaft besser als gar keine. Die Lektionen, die wir lernen, wenn wir mit einer ungesunden Gemeinschaft verbunden sind, selbst wenn zu diesen Lektionen gehört, dass wir eine gesunde Trennung von einzelnen Mitgliedern dieser Gemeinschaft pflegen, sind für unsere geistliche Gesundheit unerlässlich.

Als Christen wird uns oft beigebracht, dass wir Angst davor haben sollen, getäuscht zu werden. Nicht, um es schlimmer zu machen, aber diese Angst ist oft ein ebenso direkter Weg zur Täuschung wie jeder andere. Sie macht uns starr, unbeweglich und resistent gegen ein tieferes Verständnis. Es hat seinen Sinn, wenn man neue Ideen nur langsam akzeptiert, aber vergiss nicht, dass unser Gott unendlich ist und du noch nicht alles über ihn weißt, was es zu wissen gibt. Der Widerstand gegen eine neue Idee kann ein Widerstand gegen eine Täuschung oder auch ein Widerstand gegen Gottes Wesen sein. Manchmal ist es schwer zu unterscheiden.

Ich fordere dich nicht auf, deine Wachsamkeit zu verringern, sondern sie zu erhöhen, sie selbst in die Hand zu nehmen und ein paar Muskeln dafür aufzubauen. Viele von uns finden Sicherheit in ihrem Glauben, indem sie sich an die Lehre einiger weniger ausgewählter Personen klammern und alles ablehnen, was diesen widerspricht. Das ist nicht die schlechteste Sache der Welt. Es gibt viele erstaunliche und begabte Bibellehrer(innen) und prophetische Stimmen da draußen. Dadurch legt man aber eine Menge Macht in die Hände eines unweigerlich fehlerhaften menschlichen Wesens. Wenn wir stattdessen die Verantwortung dafür übernehmen, selbst die Bibel zu studieren, den Stimmen von Menschen zu folgen, deren Worte auf Jesus hinweisen, und uns in eine Gemeinschaft von anderen einzubringen, die dasselbe tun, sind wir viel besser gerüstet, um uns in dieser Realität zurechtzufinden, und es ist viel wahrscheinlicher, dass wir die Sprache des Himmels gut lernen.

Kapitel 8

Gesunde Ernährung

Als Teenager bin ich mit meiner Familie fast jede Woche ins Kino gegangen. Ich habe zwei Schwestern, und mein Vater konnte uns wegen seiner Arbeit nur etwa die Hälfte der Zeit (dorthin) begleiten. Diese Umstände haben dazu geführt, dass ich fast jede romantische Komödie gesehen habe, die zwischen 1998 und 2005 in die Kinos kam. Das ist keine besonders beeindruckende Errungenschaft, aber es ist ein Teil von mir.

Eines Tages gingen wir in eine Matinee-Vorstellung von einem dieser Filme. Ich weiß nicht mehr genau, welcher es war. Ich glaube, es war der, in dem sich ein Mädchen und ein Junge unerwartet treffen, sich zunächst nicht besonders mögen, dann aber plötzlich merken, dass sie sich lieben. Ungefähr nach zwei Dritteln des Films, als es aufgrund eines Missverständnisses oder eines Charakterfehlers so aussah, als würden die beiden nie miteinander klarkommen, schaute ich mich im Saal nach den anderen Kinobesuchern um.

Es war noch früh genug am Tag, dass das Theater größtenteils leer war; es gab nur zwei oder drei Gruppen von Menschen, die über den Raum verteilt waren. Zuerst fiel mein Blick auf eine Gruppe von vier Mädchen, die ein paar Reihen weiter unten saßen als meine Familie und ich. Sie waren alle etwa 15 Jahre alt und hatten alle den gleichen, aufrichtig besorgten Gesichtsausdruck. Drei Dämonen schwebten vor ihnen in der Luft. Sie hatten durchsichtige Fledermausflügel, kleine schwarze Augen und lange, spindeldürre Finger. Das Licht der Leinwand fiel auf einen Punkt in der Hand eines der Dämonen, der das Licht zu einem feinen Faden verdrehte. Der nächste Dämon webte den Faden mit seinen flinken Fingern zu einer Reihe von kleinen Tüchern.

Der dritte Dämon nahm diese Tücher und legte sie den Mädchen einzeln über das Gesicht.

In jedes Tuch war ein kleines Bild eingewebt. Ein schöner Prinz auf einem weißen Pferd, ein Ritter in glänzender Rüstung, der eine Jungfrau in Not rettet, ein junger Mann, der sich am Fenster eines Mädchens verzehrt – jedes Bild war eine karikierte Übertreibung mittelalterlicher Romantik.

Dann schaute ich mich weiter im Raum um. Mein Blick fiel auf ein Paar Mitte fünfzig, das auf der anderen Seite des Raumes saß.

Sie hielten sich an den Händen und lächelten warm zur Leinwand hin. (Das war etwa in der Zeit, als das Paar auf der Leinwand endlich seine Schwächen überwand und beschloss, es noch einmal zu versuchen). Das gleiche Licht fiel von der Leinwand auf das Ehepaar, aber sie waren nicht von Dämonen umgeben. Stattdessen landete das Licht auf ihren Schultern und Armen und auf ihren Händen. Wo auch immer das Licht sie berührte, bildeten sich kleine grüne Triebe auf ihrer Haut. Diese wuchsen zu bunten Blumen mit Bildern auf den einzelnen Blütenblättern. Es gab Bilder von einer Hochzeit, von Verabredungen zum Essen und von Strandspaziergängen, auf denen das Paar, das im Theater saß, in unterschiedlichem Alter abgebildet war.

Was ist hier eigentlich los? Ist das ein guter oder ein schlechter Film? Sollte ich ihn mir ansehen oder nicht? War das nur ein schlechter Teil des Films? Nun, ganz so einfach ist es nicht.

Für den Rest des Films teilte ich meine Aufmerksamkeit zwischen der Gruppe der Mädchen und dem Ehepaar auf. Die geistliche Atmosphäre, die beide Gruppen umgab, blieb dieselbe. Die Dämonen webten weiter ihre kleinen Tücher, und das Ehepaar ließ immer wieder liebevolle Erinnerungen aufkeimen.

Die Dämonen webten die Geschichte in eine ungesunde Erwartungshaltung hinein und versuchten, eine zerstörerische Perspektive auf romantische Beziehungen aufzubauen. Sind alle romantischen Beziehungen schlecht? Nein, das glaube ich nicht. Aber diese Dämonen versuchten, eine Version von Romantik zu verstärken, die der Zukunft dieser Mädchen schaden würde.

Seltsamerweise passierte bei dem Ehepaar fast genau das Gegenteil. Das Licht des Films enthüllte und erweckte die romantischen Teile ihrer Geschichte, erinnerte sie an die Schönheit ihres gemeinsamen Weges und weckte vielleicht sogar ihre romantischen Erwartungen in einer Weise, die ihre Ehe neu inspirieren würde.

Sollten also nur verheiratete Paare über fünfzig romantische Filme sehen? Nein. Vergiss nicht, dass wir kein Wörterbuch auswendig lernen, sondern eine Sprache erlernen. Wie ich schon sagte, habe ich schon viele romantische Komödien gesehen und erlebt, wie sie Menschen auf dutzende verschiedene Arten beeinflussen. Ich habe gesehen, wie Dämonen den Inhalt eines Films benutzt haben, um einen Keil zwischen Ehemann und Ehefrau zu treiben. Ich habe gesehen, wie ein Engel das Licht aus einem Film in einer Schale sammelte und es über den Kopf einer jungen Frau schüttete, um eine gesunde romantische Hoffnung zu kultivieren.

Jede Fiktion ist auf die eine oder andere Weise Fantasie. Die meisten romantischen Filme sind genauso fantasievoll wie Filme mit Feen und Trollen, und beide sind genauso fantasievoll wie die, in denen ein Mann durch eine Glasscheibe fällt, auf einem Auto landet und dann gerade noch rechtzeitig aufspringt, um den Bösewicht zu erschießen. Sind diese Fantasien gut oder schlecht? Auch das ist nicht ganz so einfach.

Die meisten Menschen, die mich nach der geistlichen Bedeutung von Filmen fragen, scheinen darüber so zu denken wie über eine Infektion oder Krankheit. Ist dieser Film infiziert? Wird er mich irgendwie anstecken? Stattdessen halte ich es für hilfreicher, Kunst und Unterhaltung wie Lebensmittel zu betrachten. Sicher, Lebensmittel können Krankheiten übertragen, und ich habe schon einige Filme und andere Kunstwerke gesehen, die Krankheiten übertragen haben, aber das ist nicht so oft der Fall, wie man denken würde. Und wie bei einem verdorbenen Stück Fisch oder einer geronnenen Milch ist es gar nicht so schwer, zu erkennen, wann etwas für deinen Verzehr ungeeignet ist.

Bei den meisten Kunst- und Unterhaltungsangeboten kommt es eher darauf an, wie und wie viel du davon konsumierst. Einige kreative Ausdrucksformen sind gehaltvoll und gesund wie Obst und Gemüse. Es gibt viele Filme, Musikstücke und Bücher, über die ich nur Gutes sagen kann. Das heißt aber nicht, dass man durch diese Dinge nicht auch verletzt werden kann. Man kann auch an einem Stück Salat ersticken, aber das hat nichts damit zu tun, wie gesund der Salat ist. Ich habe erlebt, dass die Wunden von Menschen dazu geführt haben, dass sie eine göttliche Botschaft als Angriff empfanden. Ich habe erlebt, wie ein Dämon einen völlig unschuldigen Liedtext in eine schädliche Botschaft verwandelt hat, indem er einen schmerzhaften Teil der Geschichte eines Menschen als Vehikel benutzt hat.

Andere Kunst ist eher mit, sagen wir, Popcorn vergleichbar. Es ist nicht die ungesündeste Sache der Welt, aber wenn es das Einzige ist, was du isst, wirst du wahrscheinlich krank werden. Deine Lieblingsserie anzuschauen und zu entspannen kann ein guter Weg sein, um sich auszuruhen. Ich habe gesehen, wie Engel jemandem Frieden und Heilung zukommen ließen, während er eine Lieblingsserie anschaute, ein Lieblingsbuch las oder spazieren ging und dabei er seine Lieblings-CD hörte. Ich habe auch schon erlebt, dass Leute diese Dinge mit einem Dämon in der Nähe tun, der falschen Trost spendet, sodass die Person am Ende noch müder und ängstlicher ist.

Manche Kunst ist wie ein Dessert. Sie ist nicht nur gut für dich. Zu viel davon kann viele verschiedene Probleme verursachen. Aber ein wenig kann den Genuss wert sein, den es bringt. Das ist eine knifflige Sache. Ich treffe viele Menschen, die Actionfilme, Krimis und spannungsgeladene Shows mit immer größerer Dramatik mögen. Ich werde dir nicht sagen, dass du diese Dinge nicht konsumieren sollst, so sehr sich das einige von euch vielleicht auch wünschen würden. Ich habe dabei, was die geistliche Aktivität angeht, dieselbe Art von Schwankungen erlebt wie in den obigen Geschichten. Manchmal sehe ich keine negativen geistlichen Auswirkungen, manchmal sehe ich, dass viel Schaden angerichtet wird, und manchmal sehe ich überraschend viel Gutes.

In meiner Hochschulzeit lebte ich in einer Wohnung mit drei Mitbewohnern. Eines Abends schauten die Jungs eine Sendung, die ich nicht besonders mochte. In den ersten paar Minuten gab es mehr derbe Sprache, Gewalt und sexuelle Inhalte, als mir lieb war, also setzte ich mich in eine Ecke, wo ich den Fernseher nicht sehen konnte, setzte mir Kopfhörer auf und las ein Buch.

Nach ein paar Minuten schaute ich auf und sah einen Dämon im Raum umherwandern. Er tänzelte von Person zu Person und schwang seine Hüften auf eine Weise, die anzüglich gewesen wäre, hätte er nicht so halbverwest und kränklich ausgesehen. Er fuhr mit seinen Händen über jede Person und zog an kleinen Fäden, die aus ihren Hälsen, Schultern und Armen ragten. Wenn sich ein Faden löste, zog der Dämon so lange, bis der Faden ganz heraushing.

Als ich an meinem Zimmernachbarn vorbeiging, um mir ein Glas Wasser zu holen, schaute ich mir einen der Fäden genauer an und sah, dass er an einem Ende ein kleines Schildchen hatte, wie jeder der Fäden. Auf jedem Schildchen stand ein einzelnes Wort, und jedes war anders. Es gab Wörter wie *kitzeln, erregen, erobern, gewinnen* und *kämpfen.* Der Dämon zog an den Fäden der Motivation und nutzte die Szenen und Ideen in der Show als Gelegenheit, um das zu manipulieren, was meine Mitbewohner motivierte.

Einige werden mir vielleicht widersprechen, aber ich glaube nicht, dass wir uns zu ungesunden Medien hingezogen fühlen, weil wir uns einfach zur Dunkelheit hingezogen fühlen oder von der Sünde versucht werden – zumindest glaube ich nicht, dass es so einfach ist. Ich glaube, dass wir so geschaffen sind, dass Action, Konflikte und Sex uns motivieren, und ich glaube nicht, dass eines dieser Dinge an sich böse ist. Sie haben nur alle ihren eigenen, angemessenen Platz im Leben.

Wir alle haben einen Drang zu essen. Dieser Drang ist gut. Er bewahrt uns davor zu sterben. Leider glaube ich, dass der Drang, der uns dazu bringen soll, gesunde, schmackhafte Früchte und Beeren zu essen, sabotiert wird, wenn er auf den hyperkinetischen Schock trifft, der in zuckerhaltigen Limonaden und leckeren Kuchen steckt. Sind diese Dinge böse? Einige meiner gesundheitsbewussten Freunde sind dieser Meinung, aber unabhängig davon sind wir sind uns wohl alle einig, dass sie schädlich sein können.

Ob ich denke, dass die Sendung, die meine Freunde gesehen haben, von Übel war? Das weiß ich nicht. Ich weiß, dass der Dämon versuchte, sie zu benutzen, um ihnen Böses anzutun. Genauso wie eine überzuckerte Limonade das gesunde Verlangen unseres Körpers nach Zucker blockieren kann, glaube ich, dass der Dämon den hyperrealen Ausdruck von Gewalt, Drama und Sex benutzen wollte, um den gesunden Drang meiner Mitbewohner in diesen Bereichen zu blockieren.

Heißt das also, dass die Serie schlecht ist und niemand sie sehen sollte? Nun, ganz so einfach ist es wieder nicht.

Nachdem ich mich wieder hingesetzt und mein Buch in die Hand genommen hatte, schaute ich wieder zu meinen Freunden hin und stellte fest, dass der Dämon nicht das Einzige war, was im geistlichen Raum passierte. Gerade als ich mich hinsetzte, schoss ein kleiner Funke aus dem Fernseher und landete auf dem Teppich in der Mitte des Raumes. Einer der Engel meiner Mitbewohner ging zu der Stelle, wo er gelandet war, und hob ihn auf. Es war ein kleiner Goldklumpen, roh, mit Gesteinsbrocken übersät, aber unverkennbar Gold. Der Engel trug ihn zu meinem Mitbewohner hinüber, zerdrückte den Klumpen in seiner Hand und ein dünner Strom aus reinem, flüssigem Gold rann durch seine Finger in die Brust meines Mitbewohners. In den wenigen Minuten, in denen ich ihn beobachtete, geschah dieser Vorgang noch dreimal.

Kunst gehört zu Gott. Er hat sie geschaffen. Er hat sie geplant. Heißt das, dass alle Kunst göttlich ist? Nein. Aber es bedeutet, dass der Prozess, die Form, das grundlegende Wesen der Kunst von ihm ist. Obwohl die Sendung, die meine Mitbewohner sahen, inhaltlich in Vielem nicht gut war, und obwohl ein Dämon Aspekte der Sendung als Gelegenheit nutzte, um sie zu manipulieren, heißt das nicht, dass sie nichts Gutes enthielt. Die Sendung enthielt keine explizit christliche Botschaft, aber ich bin mir sicher, dass sie kunstvolle Darstellungen der menschlichen Natur, echter Emotionen und echter Erfahrungen enthielt und dass diese Darstellungen der Seele eines Menschen entsprungen sind, der nach dem Bild Gottes geschaffen wurde.

Warum ist das wichtig? Nun, ich denke, dass viele Christen in dem Versuch, sich selbst und andere vor dem echten Schaden zu schützen, den unvollkommene Kunst verursachen kann, das sprichwörtliche Kind mit dem Bade ausschütten. Das kann dazu führen, dass wir stagnieren und Teile von Gottes Wesen verpassen, die wir anderswo vielleicht nicht finden, und es kann dazu führen, dass wir die Gelegenheit verpassen, ein bestimmtes „Goldstück" aufzuheben und jemandem zu zeigen, wo es herkommt.

Und was bedeutet das für uns? Sieh dir an, was du willst, alles enthält ein Stück Gold? Definitiv nicht. Es ist vielleicht nur eine Metapher, aber ich glaube, sie ist hilfreich: Stell dir die ganze Kunst und Unterhaltung, die du konsumierst, als Essen vor. Ich kann dir nicht sagen, wann du zu viel Kuchen gegessen hast. Aber ich weiß, dass du es kannst. Ich weiß, dass wir alle in der Lage sind, uns in diesem Bereich etwas vorzumachen; ich habe genug Tüten mit Chips und Keksen geleert, um mir das ehrlich einzugestehen. Vielleicht haben die Leute recht, die keinen Zucker essen, den Fernseher aus dem Fenster werfen und sich nur von Salaten und Quinoa ernähren. Für den Moment sage ich einfach: Sei ein achtsamer Esser! Versuche nicht, Chicken Wings so zu essen, wie du Popcorn isst! Iss einen Hummer nicht so, wie du einen Apfel isst! Du solltest das Fleisch essen und den Rest ausspucken!

Alle Kunst ist zutiefst geistlich und beeinflusst dich. Wenn du das nicht glaubst, dann bist du entweder in diesem Bereich abgestumpft oder der Einfluss ist bereits in deine Denkweise integriert worden. Jedenfalls lohnt es sich, dieser Sache Aufmerksamkeit zu schenken, vor allem, weil Kunst und Unterhaltung in unserem Zeitalter mit Millionen von Kilometern pro Stunde auf dich einprasseln können.

Kapitel 9

Dein Garten

Ich möchte dir von meinem Freund Joey erzählen. Joey ist ein wunderbarer Kerl. Er ist klug und witzig, er sieht gut aus und ist charmant, und er liebt Jesus von ganzem Herzen. Trotz alledem ist Joeys Leben ständig in Aufruhr.

Er war geschieden, als ich ihn kennenlernte, und streitet mit seiner Ex-Frau um das Sorgerecht, solange ich ihn kenne. Er hat *immer* eine gute Geschäftsidee, die anfangs erfolgreich ist, aber nach einer Weile verpufft und scheitert. Er findet schnell Freunde und es fällt ihm *immer* leicht, sich in eine Gruppe von Freunden einzugliedern, aber nach ein oder zwei Jahren hat keiner dieser Leute mehr Kontakt mit ihm. Joey ist *immer* optimistisch; er vertraut darauf, dass der Herr ihm durch alles hilft, aber aus irgendeinem Grund muss der Herr ihm auch *immer* durch sehr viel helfen.

Warum passieren ihm diese Dinge immer wieder? Was macht Joey falsch? Spielt der Teufel mit ihm? Gibt es eine geheime Sünde in seinem Leben? Das wollen wir uns nun Schritt für Schritt ansehen. Wir lernen ja eine Sprache, und in Joeys Leben gibt es eine Menge hilfreicher Grammatik. Natürlich sind seine Umstände einzigartig, aber ich habe schon Hunderte von Menschen getroffen, die in ähnlichen Mustern steckten. Wenn du dir hier einige der Schlüsselbegriffe merkst, kannst du anderen helfen, aus diesen Mustern herauszukommen, und vielleicht kommst du sogar aus einigen deiner eigenen heraus.

Zunächst einmal: Joey „hinkt“ – nicht körperlich, sondern im Geist.

Jeder Mensch hat Wunden: die Beulen, blauen Flecken und Verletzungen des täglichen Lebens, aber auch die Brüche, Wunden und Narben von Traumata. Keine zwei von uns haben die gleiche Geschichte, aber diese Art von Schmerz und Verletzung haben wir alle erlebt. Manchmal sind die Folgen dieses Schadens von langer Dauer. Sie können die Art und Weise beeinflussen, wie wir handeln, denken, sehen oder durch unser tägliches Leben gehen. Bei Joey sieht das wie ein Hinken aus.

Eines Tages war Joey arbeitslos und wohnte bei einem Freund. Der Freund hatte ein zusätzliches Zimmer; er hatte sogar Platz für die Kinder, wenn sie an den Wochenenden bei Joey waren. Joey suchte ständig nach einem Job, aber nichts passte zu ihm, nichts brachte genug Geld ein, nichts entsprach der Richtung, in die sein Leben gehen sollte, und nichts führte zum Erfolg.

Während dieser Zeit war ich eines Tages zu Besuch. Joey erzählte immer wieder, wie schwierig der Arbeitsmarkt war, wie kompliziert es war, etwas zu finden, das ihm noch Zeit für seine Kinder ließ. Er sagte, er wisse, dass Gott es schon richten werde und er sei sehr dankbar dafür, dass Gott in dieser schweren Zeit für ihn sorge.

Die Person, bei der er zu dieser Zeit wohnte, war ebenfalls im Zimmer. Während Joey sprach, schickte jede Bewegung und jede Geste Schmutz und Staub in Richtung seines Freundes. Schmutzpartikel trafen ihn im Gesicht und in den Augen, sodass er ein paar Mal zusammenzuckte. Als Joey davon sprach, dass „Gott sich so gut um ihn kümmert", sah ich, wie sich ein Stück Fleisch von der Seite des Gesichts seines Freundes löste. Joey war ein freundlicher Mensch, aber es fiel ihm schwer, den Unterschied zwischen der Versorgung durch Gott, der Abhängigkeit von der Freundlichkeit anderer und der Ausnutzung der Großzügigkeit anderer zu erkennen. Das verletzte seinen Freund. Nach ein paar Monaten bat der Freund ihn zu gehen.

Nicht lange danach kam Joey ganz aufgeregt zu mir. Er hatte eine großartige Idee für ein neues Unternehmen, und mehrere Leute wollten bereits investieren. Er wollte, dass ich in den Geist schaue und herausfinde, ob das Gottes Wille für sein Leben sei.

Ich sagte ihm, dass ich nicht sicher sei, ob ich das erkennen könne, aber ich würde gerne nachschauen. Ich sah einen Engel, der ein silbernes Tablett hielt. Darauf befand sich alles, was Joey für sein Geschäft brauchte: ein Haufen Geld für die Anfangsinvestition, Pläne und Methoden zur Strukturierung des Geschäfts, Karteikarten mit den Namen aller Leute, mit denen er in Kontakt treten musste, und ein Stapel kleiner Krüge, die mit leuchtendem, goldenem Öl gefüllt waren. Geistlich gesehen sah es also so aus, als wäre alles vorbereitet; sogar die Salbung für jede Phase des Prozesses war bereits vorhanden.

Joey war begeistert. Er umarmte mich, bedankte sich und wandte sich zum Gehen. Als er sich umdrehte, humpelte er ein wenig, stieß gegen den Engel, sodass ein paar der Ölkrüge zu Boden fielen.

Ein paar Monate vergingen. Joey besorgte die gesamte Ausrüstung, die er für sein Startup-Unternehmen brauchte, er startete eine Marketingkampagne und viele seiner Freunde halfen ihm dabei. Jedes Mal, wenn ich ihn sah, sah ich den Engel mit dem Tablett mit den Vorräten, und jedes Mal waren die Vorräte ein bisschen durcheinander und es fehlten wieder ein paar Krüge mit Salbung. Das Geschäft lief großartig an, war zunächst erfolgreich und geriet dann ins Stocken. Nach und nach stiegen die Partner aus dem Projekt aus, das Geld wurde weniger und das Unternehmen war am Ende nicht viel mehr als ein Haufen Material in seiner Garage. Als ich den Engel das letzte Mal bei ihm sah, war auf dem Silbertablett nur noch ein einziger Krug mit Salböl, der einen Sprung hatte.

Warum ist sein Geschäft gescheitert, vor allem, wenn es doch vom Himmel mit allem Nötigen versorgt wurde? War es ein Fehler in Joeys Charakter? War es ein dämonischer Angriff? Lag es an seinem mangelnden Geschäftssinn? Hat er etwas getan, um die Gunst seines Lebens zu sabotieren? Ich glaube nicht, dass *eine* dieser Ursachen der Hauptgrund für das Scheitern von Joeys Geschäft ist, aber leider muss ich sagen, dass die Antwort auf all diese Fragen Ja lautet.

Jeder von uns hat ein geistliches Ökosystem um sich herum, seinen eigenen persönlichen Garten. Alles, was du denkst, glaubst und tust, nährt diesen Garten. Wie dein Gartens seinen Anfang nimmt, ist nicht immer fair. Jeder Mensch erlebt ein gewisses Maß an Scham, Schmerz und Missbrauch, aber wir erleben dies nicht alle in gleichem Maß. Diese Erfahrungen können in der frühen Kindheit, in den Teenagerjahren oder im jungen Erwachsenenalter auftreten oder sich durch unser ganzes Leben ziehen. Einige davon sind die Folgen unserer eigenen Entscheidungen, aber genauso viele werden uns zugefügt, ohne dass wir etwas falsch gemacht haben. So oder so prägen diese Erfahrungen die Landschaft unseres Gartens und schaffen tiefe Furchen und stagnierende Teiche. Sie bringen Gift in unseren Boden und ersticken die guten Früchte, die wir anbauen wollen.

Als ich mir Joeys Garten ansah, konnte ich sehen, dass er krank war. Um ihn herum gab es eine Menge Gutes. Er liebte den Herrn. Jedes Mal, wenn ich ihn ansah, wirbelte leuchtendes Licht in wunderschönen Mustern um ihn herum, ein Ausdruck von Joeys Herz für Anbetung und Wertschätzung der Gegenwart Gottes. Er betete mit Leidenschaft und Autorität für andere. Frisches, sauberes Wasser vom Himmel ergoss sich über jeden, dem er die Hände auflegte. Der Engel mit dem Silbertablett war weder das erste noch das letzte Mal, dass ich so etwas in Joeys Nähe sah. Die himmlischen Ideen wurden von ihm angezogen. Sie kamen mit der Salbung und den Werkzeugen, die er brauchte, um sie zu verwirklichen. Joeys Garten zog gute Dinge an, aber er war auch mit Gift gefüllt.

Eines Tages kam eine Person zu mir, um über Joey zu sprechen. Sie wollte ihn damit konfrontieren, dass seine mangelnde Konsequenz in bestimmten Bereichen den Menschen geschadet hatte, die ihn unterstützt haben. Die Person war frustriert und verletzt, wollte aber wirklich Heilung in ihre Beziehung zu Joey bringen. Ich ermutigte sie, mit ihm zu sprechen und dabei so liebevoll wie möglich zu bleiben und zu bekräftigen, dass es ihr Ziel sei, die Beziehung zu heilen. Am folgenden Sonntag sah ich sie auf dem Parkplatz der Kirche streiten.

Zufälligerweise war mein Auto in der Nähe der beiden geparkt. Ich machte einen großen Bogen um sie und tat mein Bestes, um sie nicht zu stören.

Als ich mich näherte, stand ich hinter Joey, der wild mit den Armen fuchtelte, während er sprach und sichtlich verzweifelt war. Ein großer Dämon, der ganz mit einem langen Fell bedeckt war, stand hinter der Person, die Joey gegenüberstand, und streckte seine Arme hoch und weit aus, wie ein Bär. Alle paar Sekunden formte der Dämon basketballgroße Teerkugeln in seinen Handflächen. Er warf diese auf Joey, sodass dieser mit einem dicken, schwarzen Schleim überzogen war.

Natürlich gab mir dies das Gefühl, ich solle Joey verteidigen. Ich machte mir Sorgen, dass die Person, die ihn konfrontierte, sich von ihrem Schmerz überwältigen ließ. Doch dann ging ich ein Stück näher heran. Ich ging in einem weiten Bogen um die streitenden Freunde herum, sodass ich sie nun von der Seite betrachtete, und aus diesem Winkel sah die ganze Szene ganz anders aus.

Ich erkannte, dass der Dämon nicht hinter der Person stand, die Joey gegenüberstand; das war eine optische Täuschung gewesen. Von der Seite konnte ich sehen, dass der Dämon hauchdünn war und zwischen den beiden stand.

Ein Engel stand hinter der Person, die Joey konfrontierte. Er grub mit einer Schaufel den Boden um die Person herum auf. In der Erde befand sich eine Mischung aus Erde, Steinen, Juwelen und Gold. Er warf diese Mischung auf Joey, aber der pelzige Dämon fing sie jedes Mal auf. Der Klumpen aus Schätzen und Dreck wurde durch den Dämon gefiltert, von dem dicken schwarzen Teer überzogen und fiel so auf Joey.

Ich machte dann einen Bogen um die Person, die Joey gegenüberstand, und erreichte schließlich mein Auto. Als ich einstieg, sah ich aus dieser Perspektive, dass es so aussah, als stünde der Dämon hinter Joey, der Engel schaufelte pures Gold und der Dämon fing es auf und warf es auf den Boden zu beiden Seiten von Joey.

Wer lag falsch? Wer machte den Fehler? Wer verursachte die Fehlkommunikation? Wir könnten dem Dämon die Schuld geben, aber Dämonen können nur mit dem arbeiten, was bereits vorhanden ist. Wir könnten der Person, die Joey konfrontiert hat, die Schuld geben, weil sie den Wert ihres Feedbacks und ihrer Ratschläge überschätzt hat. Wir könnten Joey die Schuld dafür geben, dass er den Wert des Feedbacks, das ihm gegeben wurde, nicht erkennen konnte.

Wenn wir die Sprache des Himmels lernen wollen, dann ist ein weiterer wichtiger Teil der Grammatik das Verständnis, dass alles Leben in einem Ökosystem existiert, einem Raum, in dem sich alles, was lebt, gegenseitig beeinflusst, zum Guten wie zum Schlechten. Das gilt auch für die geistliche Welt.

Joey war schon immer voller Glauben. Er vertraut auf Gott als seinen Versorger, und Gott hat immer für ihn gesorgt. Ich habe das immer wieder im Geist gesehen. Was Joey versäumt hat, war, zu lernen, wie man mit dieser Versorgung umgeht.

Das Reich des Geistes ist wie ein Ökosystem. Joeys Ökosystem, sein Garten, war voller Glauben und Abhängigkeit von Gott, aber es fehlte ihm an persönlicher Verantwortung. Ich habe Gärten von anderen gesehen, in denen das Gegenteil der Fall war: ihre Eigenverantwortung wächst und gedeiht, sie erledigen eine Menge Dinge und sind äußerst zuverlässig. Dieses übermäßige Verlassen auf sich selbst lässt jedoch keinen Platz für den Teil, den nur Gott tun kann, und macht ihren Garten, ihr geistliches Leben, zu einem Schatten dessen, was es sein könnte.

Die Sache ist komplex, und dies muss uns bewusst sein, sonst entgeht uns das Wesentliche. Es ist nicht so einfach, wie dass man einfach eine Prise Glaube und zwei Tassen Eigenverantwortung hinzufügen könnte, und schon ist man fertig. Deine frühen Kindheitserfahrungen beeinflussen, wie du Glaube, persönliche Verantwortung und all die Hunderte von anderen Faktoren siehst, die deinen Garten beeinflussen. Ich habe nur einige der Geschichten aus Joeys Leben erzählt. Ich habe noch Dutzende weitere; Geschichten, die gut sind, Geschichten, die schlecht sind, und Geschichten, bei denen ich noch nicht weiß, wie ich sie einordnen soll. Und Joey ist nur ein Mensch von vielen. Jeder Mensch hat so viel zu erzählen und noch mehr.

Es ist leicht, davon überwältigt zu werden – mir geht es auch so –, aber ich glaube, das liegt daran, dass wir denken, wir müssten das Problem lösen. Wir denken, wir sollten einen makellosen Garten haben, der perfekt ausbalanciert ist, in dem es keine Insekten oder Schädlinge gibt und in dem es jede Menge Früchte jeder Art gibt. Vielleicht ist das das Ziel, aber ich glaube nicht, dass wir es erreichen, indem wir uns vom Perfektionismus einen unrealistischen Standard auferlegen lassen. Nein, wir erreichen es, indem wir lernen, unseren Garten zu pflegen. Wir überprüfen in jeder Jahreszeit die Früchte, um zu sehen, was gut gedeiht und was am Absterben ist.

Ich glaube, deshalb nennt die Bibel es auch die Frucht des Geistes. Liebe, Freude, Frieden, Geduld, Freundlichkeit, Güte, Treue, Sanftmut, Selbstbeherrschung – das sind keine Gaben, sondern Früchte, die in deinem Garten wachsen sollen. Wenn eine dieser Früchte in deinem Garten nicht regelmäßig wächst, musst du vielleicht etwas ändern.

Joey ist ein interessanter Fall. Ich habe Menschen mit einem viel chaotischeren Leben und einem schwierigeren Hintergrund gesehen, die dennoch ihre Gärten pflegen, bis sie so üppig und gesund sind, dass man meinen könnte, sie hätten nie einen Tag in ihrem Leben gekämpft. Wenn du mich nötigen würdest, den Hauptgrund zu nennen, warum Joey und Menschen wie er in den sich wiederholenden Zyklen der Zerstörung stecken bleiben, wäre es dieser: Sie sind normalerweise nicht sehr beeinflussbar.

Joey war und ist ein wunderbarer Mann, und ich liebe ihn immer noch, aber er verstand es nicht, Feedback zu empfangen. Es machte ihm Angst. Es fühlte sich immer wie ein Angriff an. Ich behaupte nicht, dass er von mir oder jemand anderem jemals ein perfektes Feedback erhalten hat. Die Art und Weise, wie die Wunden und Defizite anderer Menschen mit Joeys Wunden und Defiziten aufeinanderstießen, ist Teil der Tragödie seiner Geschichte. Es war nie allein seine Schuld, aber es ist nie allein die Schuld von irgendjemandem.

Eines Tages kam Joey verzweifelt zu mir. Er hatte das Sorgerecht für seine Kinder verloren. Ich ermutigte ihn, betete mit ihm und tat dann etwas, wovor ich große Angst hatte: Ich erzählte ihm von seinem „Hinken“. Ich sprach darüber, wie seine Wunden sein Leben beeinflussten und wie sie zu Missverständnissen und Konflikten mit den Menschen in seinem Leben führten; ich sprach darüber, dass dies Zerstörung in sein Leben einlud. Ich sagte es so sanft und freundlich, wie ich es konnte. Ich sagte es, weil ich an ihn glaubte und wollte, dass sein Leben heil ist. Ich weiß, dass ich es nicht perfekt gesagt habe und dass ich seine

Situation nicht perfekt gesehen habe, aber ich habe versucht, es zu seinem Nutzen zu sagen. Aber ich wusste die ganze Zeit, dass es nicht funktionierte.

Mit jedem Satz sah ich im Geist, wie sich Falten in seinem Gesicht bildeten. Sie spalteten sich zu Schnitten auf, aus denen Blut über seine Wangen rann. Ich konnte sehen, wie sich sein Gesichtsausdruck verfestigte. Das lief nicht gut.

Als ich fertig war, hielt er einen Moment inne und schrie mich dann an. Die Wunden in seinem Gesicht klafften auf wie hundert gekreuzte Münder und spuckten mir Blut ins Gesicht. Danach hat er ein Jahr lang nicht mehr mit mir gesprochen.

Ich könnte Joey die Schuld dafür geben, dass er das Feedback nicht annehmen konnte. Ich könnte mir selbst die Schuld dafür geben, dass ich es nicht gut genug gegeben habe. Ich könnte der Familie, in die er hineingeboren wurde, die Schuld geben, denn wahrscheinlich hat er sich dort die Wunden zugezogen, die aufgeplatzt sind. All diese Schuldzuweisungen wären fair, aber nichts davon würde helfen. Ich weiß nicht, was Joey braucht, um offen zu werden für den Einfluss von Freunden, die ihn lieben, von geistlichen Müttern und Vätern, die sich um ihn kümmern, und von Gott, der ihn mit vielen Dingen versorgt, darunter auch mit der Gnade zu wachsen. Ich hoffe, dass er es findet.

Das Traurigste an dieser Geschichte ist das, was die ganze Zeit hinter Joey stand, während wir sprachen. Es war ein Engel in einer goldenen Rüstung, der ein Schwert in einer Hand hielt und ein Buch mit dem Wort *Gerechtigkeit* auf dem Umschlag. Ich wusste, dass der Himmel für die Situation, mit der Joey konfrontiert war, vorgesorgt hatte: Wiederherstellung seiner Beziehung zu seinen Kindern und Schutz vor dämonischen Einflüssen, die ihn dazu bringen wollten, Lügen zu glauben oder die Lektionen zu verstärken, die seine Wunden ihn gelehrt hatten. Es war alles da. Aber als er unser Gespräch beendete, humpelte Joey und stieß gegen den Engel, wobei er ein paar Seiten aus dem Buch riss. Ich betete, dass dies das letzte Mal sein würde, dass ein Teil von Gottes Hilfe für seine Situation auf den Boden fiele.

Die geistliche Welt ist kein separater Ort. Sie ist Teil des großen Ökosystems, das wir Schöpfung nennen. Alles beeinflusst es, und es beeinflusst alles. Ich möchte nicht, dass dich das überfordert oder du zu sehr in dich gehst, aber ich hoffe, es motiviert dich, deinen Garten zu pflegen. Vielleicht sieht das konkret so aus, dass du die Fähigkeiten und Talente eines Coaches oder Beraters in Anspruch nimmst. Vielleicht sieht es so aus, dass du die enge Verbindung zu deinen Freunden und deiner Gemeinschaft vertiefst. Vielleicht bedeutet es, dass du dich mit ganzem Herzen der Sprache des Himmels widmest, indem du über die Heilige Schrift meditierst, betest und nach Gottes Gegenwart strebst. Ich denke, alle diese Dinge sind nötig, um einen Garten zu haben, der von der Frucht des Geistes überquillt.

KAPITEL 10

Pläne und Ziele

Es war mitten in einem Sonntagabendgottesdienst in der Bethel Church in Redding, Kalifornien, als ich plötzlich gehen musste. Es war so dringend wie das Bedürfnis nach einer Toilette und so leise wie ein Flüstern in einem Sturm, aber ich wusste, dass ich gehen musste. Egal, ob du im Kino, im Flugzeug oder in der Mitte eines Kirchenraums sitzt, es gibt keine höfliche Art, sich an einer vollen Reihe von Menschen vorbeizuschieben. Ich tat mein Bestes, um nicht mehr Augenkontakt als nötig herzustellen, während ich jeder Person, die mir den Weg zum Gang versperrte, an die Knie stieß und mir wünschte, der Drang, hinauszugehen, wäre schon gekommen, bevor alle bequem Platz genommen hatten.

Dieser Drang war ein relativ neues Phänomen. Normalerweise sah ich eher „beiläufig" im Geist, um es mal so auszudrücken. Entweder übte ich aktiv das Sehen im Geist oder ich war plötzlich neugierig auf das, was passierte, und dann schaute ich einfach hin. Es passierte immer etwas. Ich habe es natürlich nicht immer verstanden, aber es war immer etwas da. Ich schaute nach, wann immer ich wollte – das war's. Aber in letzter Zeit hatten sich die Dinge verändert.

Es begann als sanftes Ziehen, wie ein Kind, das am Saum deines Hemdes zieht. Es war nicht dramatisch. Ich hätte es leicht ignorieren können. Aber es war hartnäckig. Es war, als würde der Heilige Geist sagen: „Hey, ich will dir etwas zeigen."

Ich hatte gelernt, diesem Drang zu folgen, auch wenn das bedeutete, einer ganzen Reihe von Gottesdienstbesuchern gegenüber unhöflich zu sein.

Ich ging nach draußen und war überrascht, wie kalt es geworden war. Ich hatte mein Sweatshirt zu Hause gelassen und wusste nicht sofort, wohin das Ziehen mich führen wollte. Da ich dachte, dass mein Auto wenigstens den Wind abhalten würde, machte ich mich auf den Weg den kleinen Hügel hinauf zum Schotterparkplatz, die Arme gegen die Kälte verschränkt und die Augen auf meine Füße gerichtet. Als ich den Hügel halbwegs erklommen hatte, wurde mir klar, dass ich es nicht bis zu meinem Auto schaffen würde.

Sein Licht leuchtete auf den Boden vor mir, aber ich spürte seine Wärme, bevor ich das Licht sah. Zögernd hob ich meinen Blick und sah ein Paar brennende Füße, flammende Beine und einen brennenden Oberkörper. Zu sagen, dass er in Flammen stand, wäre eine Untertreibung. Das Feuer wütete so dicht und heftig um ihn herum, dass ich nicht sagen konnte, ob sich irgendwo ein Engel befand oder ob es sich um ein Wesen handelte, das nur aus tosenden Flammen bestand.

Das war beeindruckend genug, aber es war nicht das Feuer, das mich innehalten ließ. Stattdessen war es das ungeheure Gefühl von Macht und Ansehen, das von etwas in den Flammen ausging.

Da ich schon mein ganzes Leben lang Engel sehe, kam es mir immer seltsam vor, wenn ich Geschichten hörte und las, in denen Menschen beim Anblick eines Engels in die Knie gingen und der Engel sagen musste: „Hab keine Angst." Engel waren nicht furchterregend. Schön, ja. Mächtig, sicher. Aber nicht furchteinflößend. Dieser Engel jedoch ließ mich verstehen, warum jemand Angst haben konnte.

Es war nicht, dass er selbst einschüchternd war oder die Flammen, die ihn umgaben; es war das, was die Flammen repräsentierten. Wahrscheinlich hätte ich es in dem Moment nicht ausdrücken können, aber ich spürte, dass dieser Engel auf eine Weise in der Gegenwart Gottes gewesen war, wie ich es noch nicht war – vielleicht auf eine Weise, wie ich es noch nicht konnte. Er war der Quelle aller Herrlichkeit, aller Macht und aller Erkenntnis nahe gewesen, und die Hitze, die sein Körper aus dieser Nähe behielt, ließ die Luft um ihn herum in Flammen aufgehen. Das ist etwas, wofür es sich lohnt, sich niederzukauern.

„Hallo", sagte ich, da mir keine bessere Begrüßung einfiel.

Wie ich schon gesagt habe, wenn ich Engel sprechen höre, dann nicht mit englischen Worten. Es sind komplette Gedanken, die in meinem Kopf landen. Ich kann sie mehr oder weniger in einen englischen Satz übersetzen, in meinem Kopf ist es aber ein Verstehen.

„Hallo", antwortete der Engel. Eine dramatischere Antwort war angesichts seiner feurigen Erscheinung unnötig.

„Kann ich dir bei etwas helfen?" fragte ich.

In diesem Moment zog der Engel eine Schriftrolle hinter seinem Rücken hervor. Sie befand sich in einem kunstvoll verzierten Behältnis, das seine Farbe so veränderte, wie ein Schal, der im Wind weht. Er rollte die Schriftrolle auseinander und öffnete eine nachtblaue Seite mit hunderten und tausenden sich kreuzenden Linien, Punkten und Kreisen. In meiner Erinnerung erscheint es chaotisch, aber in diesem Moment war klar, dass jede Linie genau an der Stelle war, an der sie sein sollte.

„Was ist das?" fragte ich.

„Es ist Gottes Plan in Bezug auf dich."

Dann bemerkte ich, dass alle diese Linien und Punkte sich langsam bewegten, kreisten und wuchsen. Punkte erschienen und verschwanden wieder, je nachdem wie Verbindungen zwischen Menschen entstanden und wieder auseinandergingen. Linien verflochten und kreuzten sich, entsprechend dem, wie jede mögliche Entscheidung, die jede Person auf der Schriftrolle treffen konnte, sich auf jede mögliche Antwort auf jede mögliche Entscheidung auswirkte. Ich riss meine Augen auf, soweit es ging. Je mehr ich hinstarrte, desto mehr verstand ich. Die endlose Komplexität, welche sich vor mir entfaltete, brachte mich an die Grenzen meines Verstandes. Es war zu viel, um es erfassen zu können, aber ich versuchte es trotzdem.

Mit der Befürchtung, dass eine meiner lebenswichtigen Synapse zerspringen könnte, riss ich meinen Blick von der Schriftrolle los und schaute wieder auf den Engel. Jetzt konnte ich ihn viel leichter erkennen – nicht als Flamme, sondern die Gestalt dahinter, als hätten sich meine Augen an seine Erscheinung angepasst.

Er trug eine goldene Rüstung, die über und über mit modellierten Bildern bedeckt war. Ganz offensichtlich erzählten sie eine

Geschichte, doch die Handlungen und Charaktere blieben mir verborgen. Vielleicht lag das daran, dass mein Gehirn immer noch schmerzte von dem Versuch zu verstehen, was ich auf der Schriftrolle sah. Jeder Zentimeter an dem Engel funkelte. Seine Rüstung war mit Intarsien aus Juwelen und Edelsteinen geschmückt, aber nicht so wie auf einem Kollier oder einem Verlobungsring, auf denen die Steine durch Fassungen und Befestigungen gehalten werden, sondern diese hier waren Teil des Goldes, so wie Blätter Teil eines Baumes sind. Nichts hielt sie zusammen. Jeder war ein Teil des anderen.

Ich verbrachte viel Zeit damit, seine Rüstung zu bewundern, zum Teil, weil sie so faszinierend war, aber hauptsächlich deswegen, weil ich mich davor fürchtete, diesem wirklich außerweltlichen Wesen in die Augen zu schauen. Obwohl ich ihn deutlicher sehen konnte, hatte die strahlende Hitze, die von ihm ausging, überhaupt nicht nachgelassen. Ich fühlte mich peinlich berührt und unrein. Das stimmt nicht ganz, obwohl es dem am nächsten kommt, wie ich mich fühlte. Ich schämte mich nicht, wie es das Wort *„unrein"* vermuten lässt. Es war, als würde mein Körper selbst versuchen, den Unterschied zwischen mir und der Präsenz, die den Engel umgab, zu begreifen.

Dieses Gefühl verstärkte sich noch, als ich in seine Augen blickte. Dieser Engel hatte Gott gesehen, so wie ich ihn noch nie gesehen hatte. Ich war Gott zwar schon begegnet, noch bevor ich Wörter wie *allgegenwärtig, allmächtig, ewig* und *heilig* aussprechen konnte, aber ich hatte ihn immer nur als den liebenden Vater, den treuen Freund und geduldigen Lehrer gekannt.

Alle diese Dinge und mehr sah ich in den brennenden Augen des Engels. Ich sah einen Gott der Barmherzigkeit und einen Gott der Macht. Ich sah den Gott, der sich Konzepte wie Zeit, Schwerkraft, Macht und Herrlichkeit ausgedacht hat. Ich sah den Gott, der das Gesicht von Mose so hell leuchten ließ, dass dieser es verbergen musste.

Der Blick in seine Augen war zu überwältigend, weshalb ich meine nächste Bemerkung an seine Füße richtete: „Die Pläne auf dieser Schriftrolle sehen kompliziert aus."

Das brachte ihn zum Lachen. Er nahm die Rolle an beiden Enden und dreht sie in die Horizontale, als wäre sie ein Tisch zwischen uns. Die Linien und Markierungen auf der Seite sanken nun in verschiedene Lagen unter die Oberfläche des Papiers, wodurch jeder Punkt und jede Verbindung sich in drei Dimensionen drehte und pulsierte.

Mein immer noch schwächelndes Hirn versuchte verzweifelt zu kapieren, was dies nun wieder bedeutete und wie es sich auf das Wenige auswirkte, das ich verstanden hatte, als die Schriftrolle noch zweidimensional war. Wie ein altes Fahrrad verzweifelt versucht, in einen Gang einzurasten, so tat auch mein Verstand sein Bestes, aber die Kette flog runter. Das sah alles aus wie ein verwickeltes Durcheinander von sich durchkreuzenden Linien und Punkten.

Ich sprach mit dem Engel gefühlt eine lange Zeit, aber in Wahrheit hätten es genauso gut zehn Minuten wie vier Stunden sein können. Wir sprachen darüber, welche Dinge in meinem Leben und dem meiner engsten Freunde in nächster Zeit anstanden. Danach traf ich ihn noch zwei weitere Male, stets durch eine geflüsterte Einladung angestiftet, während ich gerade etwas anderes tat.

In den folgenden Jahren dachte ich oft an diese Begegnung und an die Schriftrolle. Es fühlte sich wirklich so an, als hätte ich Teile davon verstanden, als sie als flaches, zweidimensionales Bild dargestellt war. Der Engel sagte, dass es sich um Gottes Plan für mein Leben handelte. Ich glaube nicht, dass ich damit meine Zukunft hätte vorhersagen können, aber ich konnte die Ordnung dahinter sehen oder zumindest spüren.

Die Punkte standen für die Menschen, die in das Leben voneinander eintraten und es wieder verließen. Die Linien stellten ihren Lebensweg dar, die Orte, an die ihre Entscheidungen sie führten, und die Art und Weise, wie sich ihr Leben mit meinem überschnitt. Die Linien bewegten sich alle und passten sich an; einige Punkte blieben stabil, während andere sich eher willkürlich bewegten. Dies steht für den freien Willen eines jeden Menschen und die Art und Weise, wie Gottes Plan sich biegt und beugt, um den Entscheidungen der Menschen gerecht zu werden und gleichzeitig seinem Ziel treu zu bleiben.

Ich verstand das, was ich sah, nicht klar genug, um mich in die uralte Debatte über Prädestination und freien Willen einmischen zu können; aber ich bekam das Gefühl, dass Gottes Pläne und Ziele sehr gut mit der Tatsache umgehen können, dass er uns einen Willen gegeben hat. Bedeutet das, dass wir in unserem Leben völlig freie Entscheidungen treffen können? Heißt das, dass er uns zwar die Wahl lässt, aber die Umstände so gestaltet, dass sie uns auf einen vorgegebenen Weg führen? Ich weiß es nicht. Es ist wie mit dem Mond.

Als ich Jahre später wieder über die Schriftrolle nachdachte, fühlte ich mich plötzlich frei zu fragen, was es bedeutete, dass der Engel sie flach hingelegt hatte und das Bild sich in drei Dimensionen verwandelt hatte. Das tat ich dann auch. Und ich bekam eine selten direkte Antwort.

„Als die Schriftrolle noch zweidimensional war, konntest du die Wege der Menschen sehen und wie ihre Entscheidungen ihre Richtung beeinflussten. Als der Engel die Schriftrolle hinlegte, sahst du ihre innere Welt – die Art und Weise, wie Gefühle, Gedanken und all die inneren Kämpfe, die damit einhergehen, zu ihren äußeren Entscheidungen führten."

Ich saß eine Weile da und dachte darüber nach. Es sagte mir immer noch nicht wirklich viel über den Unterschied zwischen Vorbestimmung und freiem Willen oder darüber, ob Gott einen einzigen perfekten Weg für unser Leben vorgibt oder auf unsere gottgefälligen Entscheidungen eingeht. Stattdessen hat es mich darin bestärkt, dass er, wie auch immer seine Pläne und Absichten funktionieren, ihre Umsetzung viel tiefer, komplexer und intimer durchdacht hat, als ich es mir vorstellen kann.

KAPITEL 11

Meine Geschichte, Teil 3

Als wir das letzte Mal meine Geschichte unterbrachen, war ich ein verlorener und einsamer Teenager, der mit seinem Glauben kämpfte. Ich war mir nicht sicher, ob ich eine Geistesgabe hatte oder eine hochfunktionale Schizophrenie.

Ein paar Jahre vergingen, ohne dass sich viel änderte. Ich las Bücher über Atheismus, Buddhismus, Gnostizismus, Humanismus und sogar Theismus. Viele der Bücher, die ich las, stellten die gleichen Fragen wie ich, hatten aber alle genauso hohle Antworten wie die geistlichen Klischees, die ich von meinen christlichen Freunden bekam. Manche von ihnen waren besser geschrieben, manche waren ehrlicher in Bezug auf ihre Unsicherheit, manche waren logischer, manche waren emotional intuitiver, aber keines von ihnen klang wahr.

Um ehrlich zu sein, war ich mir nicht sicher, wonach ich suchte, aber das Christentum klang am wahrsten. Das könnte daran liegen, dass es wahr *ist* oder dass ich dazu erzogen wurde, es zu glauben. Meine Suche führte mich auch dazu, mich mit der Geschichte des Christentums zu befassen und damit, wie es sich in den zweitausend Jahren seit Jesus verändert und gewandelt hat. Selbst wenn das Christentum die „richtige" Religion war, was auch immer das bedeutet, woher wusste ich, dass die Version, mit der ich aufgewachsen war, die richtige war?

Das hört sich vielleicht so an, als wäre ich von zu Hause weggelaufen, wäre drogensüchtig geworden oder zu einem verlorenen Sohn geworden. Aber so war es nicht. Ich bin einer, der es vorzieht, die Dinge langsam anzugehen, und hatte nicht die Absicht, eine Entscheidung mit langfristigen Auswirkungen zu treffen, bevor ich mich entschieden hatte, in welche Richtung ich gehen wollte.

Ich ging mit meiner Familie in die Kirche, sah weiterhin im Geist, ging immer noch zur Jugendgruppe und befolgte außerdem alle äußeren Prinzipien des Christentums. Abgesehen von meinen anfänglichen Fragen ließ ich niemanden an dem teilhaben, was ich durchmachte. Ich empfehle das nicht, aber ich habe es so gemacht. Dies war eine innere Reise für mich. Und wie bei den meisten inneren Reisen gab es nicht die eine Sache, die mich dazu brachte, mich für eine Richtung zu entscheiden, sondern tausend kleine Dinge. Es gab jedoch einen Wendepunkt, einen Abschnitt der Reise, an dem ich mich nicht mehr tiefer in das Tal des Todesschattens hineinbegab, sondern anfing hinauszugehen.

Meine Gemeinde veranstaltete jedes Jahr eine Missionsreise für Jugendliche. In jenem Jahr wurden wir nach Europa geschickt. Wir machten Straßenarbeit in Paris und unterstützten eine Jugendarbeit in Southampton in England. Unser Jugendpastor legte immer gerne etwas Lustiges oder Entspannendes an das Ende unserer Reisen, und für diese Reise hatte er für uns organisiert, dass wir ein großes Jugendkonzert samt Konferenz in der Nähe von London besuchten.

Mehr als dreitausend Jugendliche nahmen an der Veranstaltung teil, die in einer riesigen Viehauktionshalle mit doppelstöckiger Stadionbestuhlung stattfand. Es waren so viele Jugendliche, dass die örtlichen Hotels nicht genug Platz hatten, um alle unterzubringen. Deshalb hatten die Organisatoren der Konferenz dafür gesorgt, dass auf den Feldern rund um das Veranstaltungszentrum Zelte gemietet werden konnten.

Es gab eine Mischung aus Anbetungsmusik und Techno aus den frühen 2000er Jahren, die mir heute wahrscheinlich extrem peinlich wäre, aber damals richtig cool erschien. Es gab verschiedene Prediger und Workshops und lustige Sachen wie DJ-Kurse und Tanzwettbewerbe.

Wir springen nun gleich zum letzten Abend der Konferenz. Am nächsten Morgen sollten wir abfliegen, aber die meisten von uns waren müde von der langen Reise, weshalb wir es ruhig angehen ließen und in der hinteren Ecke des Oberdecks der Arena saßen.

Die ersten paar Minuten hörte ich dem Prediger zu. Mein Instinkt, den ich in Hunderten von Gottesdiensten geschärft hatte, sagte mir, dass er den Abend mit einem „Altarruf" beenden würde, bei dem er die Leute einladen würde, nach vorne zu kommen, um Christus in ihr Leben aufzunehmen. Da ich das Gefühl hatte, das ohne Probleme verpassen zu können, lehnte ich mich in meinem Stuhl zurück, legte meine Füße auf den leeren Sitz vor mir und versuchte, ein Nickerchen zu machen. Ich weiß nicht, warum ich wieder nach unten schaute – ich hatte ja schon tausend verschiedene evangelistische Botschaften gehört – aber aus irgendeinem Grund schaute ich noch einmal auf die Bühne.

In diesem Moment sah ich Jesus.

Er ging vorne im Raum zwischen der Bühne und den Stühlen auf und ab. Er sah nicht aus wie der stereotype bärtige und mit einer Robe bekleidete Jesus, den ich in so vielen Malbüchern für die Sonntagsschule gesehen hatte. Abgesehen von dem schwachen Licht, das seinen Kopf umgab, hätte er auch unbemerkt in einer Schlange im Supermarkt stehen können. Aber ich wusste sofort, dass es Jesus war.

Er ging weiter hin und her und hatte einen Ausdruck von ruhiger Konzentration auf seinem Gesicht. Ich bemerkte schnell, dass sein Blick jedes Mal, wenn er sich umdrehte, auf einen Punkt irgendwo im hinteren Teil des Raumes gerichtet blieb. Ich folgte seinem Blick etwa hundert Meter nach hinten, wo ein Mädchen, das vielleicht etwas älter war als ich, mit dem Kopf gegen die Trennwand zwischen der ersten Reihe der Stadionsitze und dem Hauptgang gelehnt saß.

„Er sieht niemanden außer ihr", sagte eine Stimme irgendwo in meinem Kopf.

Der Raum begann zu verblassen, während ich Jesus beim Gehen zusah. Es war nicht so, dass ich den Raum nicht sehen oder den Sprecher nicht hören konnte; es war, als ob alle meine Sinne so sehr von ihm und dem, was er tat, angezogen waren, dass alles andere in den Hintergrund trat. So hörte ich es wie aus der Ferne, als der Sprecher die Menschen aufforderte, nach vorne zu kommen, wenn sie gerettet werden wollten.

Mein Blick fiel wieder auf das Mädchen, und ich beobachtete, wie sie ihren Kopf von der Trennwand hob und zur Vorderseite des Raums hinblickte. Ich sah, wie er sich bewegte, aber es dauerte keine Sekunde, bis er dort war. Jesus ging vorne auf und ab, und dann stand er plötzlich direkt vor ihr.

Der Raum war fast verschwunden, die freundlichen Worte des leidenschaftlichen Predigers weit weg und gedämpft. Ich konnte den Boden unter meinen Füßen nicht mehr spüren. Ich konnte die Luft um mich herum nicht mehr riechen. Jeder Teil meines Bewusstseins war völlig von der Szene unter mir gefangen.

Das Mädchen hob den Kopf gerade so weit, dass sie Jesus in die Augen sehen konnte. Sofort erschienen Ketten um ihren Hals, dann um ihre Schultern und dann um ihre Taille, bis sie vom Hals bis zu den Knien vollständig bedeckt war. Die Ketten verliefen in vier langen Strängen von ihr weg, und an deren Ende zog jeweils ein Dämon. Die Dämonen zerrten an den Ketten, sodass sie zurücksackte. Sie schmiegte ihr Gesicht in ihre Armbeuge, die auf der Trennwand ruhte, und brach den Blickkontakt zu Jesus ab. Aber das spielte keine Rolle.

Jesus beugte sich vor und küsste sie auf die Stirn. Sofort zerrissen alle Glieder der Kette in zwei Hälften, beginnend an ihrem Hals und weiter wie eine Kette von Feuerwerkskörpern ihren ganzen Körper hinunter. Die Dämonen flogen aufgrund der nun fehlenden Spannung nach hinten, während die Welt in blendend weißem Licht verschwand.

Mein Sehvermögen kehrte langsam zurück, aber der Raum nicht. Ich konnte weder den Prediger sehen noch die Bühne noch die anderen Gottesdienstbesucher. Ich schaute nach unten und konnte nicht einmal mich selbst sehen. Alles, was ich sehen konnte, waren Jesus und das Mädchen.

Die Zufriedenheit einer ganzen Lebenszeit stand Jesus ins Gesicht geschrieben, als er mit weit geöffneten Armen dastand. Das Mädchen trug nun weiße Kleider und schaute ihn an. Es mag ein christliches Klischee sein, aber die Kleider waren weißer als weiß – das Weißeste, das ich je gesehen habe, sowohl vorher als auch nachher. Jesus winkte, und das Mädchen stürzte nach vorne, versenkte ihr Gesicht in Jesu Brustkorb und schlang ihre Arme um ihn. Ich fühlte mich peinlich berührt, als wäre ich in einen privaten Moment eingedrungen, und überlegte gerade, wie ich da wieder herauskommen könnte, als ich spürte, dass etwas Schweres auf mich kam.

Ich schaute nach oben und sah eine riesige Hand, die aus dem endlosen, blassen Himmel herunterkam. Jeder Finger war so dick wie ein Baseballschläger. Der Zeigefinger streckte sich aus und berührte mich an der Stirn. Als wäre ich in eine Pfütze aus Eiswasser gefallen, wurde ich mit solcher Wucht in die Realität zurückgerissen, dass ich rückwärts in meinen Stuhl fiel. Ich saß einen Moment fest wie unter Schock und lehnte mich dann gerade noch rechtzeitig nach vorne, um zu sehen, wie das Mädchen aus dem hinteren Teil der Kirche durch den Gang nach vorne lief, um Jesus in ihr Leben aufzunehmen (obwohl sie das bereits getan hatte).

Das war eine wunderschöne und kraftvolle Vision, die heute noch genauso lebhaft in mein Gedächtnis eingebrannt ist wie ich sie damals erlebte. Aber was mich verändert hat, was meine innere Reise neu ausgerichtet und mich auf den Weg gebracht hat, auf dem ich heute bin, ist das, was direkt danach passierte.

Der Rest der Veranstaltung verging wie in einem Nebel. Ich merkte erst, dass es vorbei war, als sich die Leute auf dem Weg zum Ausgang an mir vorbeidrängten. Ich stand auf, um zu gehen, ohne wirklich darüber nachzudenken, was ich da tat. Ich bin normalerweise ziemlich gut darin, mich am helllichten Tag selbst in meinem eigenen Stadtviertel zu verirren, weshalb ich nicht ganz sicher war, ob ich den Weg zu den Zelten, in denen meine Jugendgruppe übernachtete, wieder finden würde. Schnell suchte ich die Menge ab und entdeckte eines der Mädchen aus meiner Gruppe. Ich heftete meinen Blick an sie und stapfte durch die Menge, in der Hoffnung, dass sie wusste, wo sie hinging.

Ich kannte dieses Mädchen, aber wir waren keine besten Freunde oder so. Ich hatte in unserer Gemeinde in Kalifornien einige kurze Gespräche mit ihr geführt. Aber als ich durch die Menge ging und mich auf sie konzentrierte, sah ich alles, was es über ihr Leben zu wissen gab.

Ich sah jeden Moment der Freude, jeden Moment des Friedens, jeden Moment der Angst und jeden Moment des Schmerzes. Bei jedem dieser Momente fühlte ich jede Emotion, als wäre ich ein Bruder oder ein enger Freund. Ich konnte nicht wegschauen. Ich sah jede Entscheidung, die sie getroffen hatte, ob gut oder schlecht, und den Prozess, der zu jeder Entscheidung führte. Ich sah jede Sünde, jede Lüge und jeden Fehler. Ich sah geheime Hoffnungen, versteckte Träume und persönliche Gebete. Ich sah jeden Moment ihrer Zukunft und dann jede mögliche Zukunft, die auf jeder Entscheidung beruhte, die sie treffen würde oder nicht. Ich sah das ganze Ausmaß ihres Potenzials und wie weit sie es innerhalb dieses Potenzials bringen würde. Die Emotionen überfluteten mich schneller, als ich sie verarbeiten konnte. Triumph, Einsamkeit, Lachen, Scham, Hoffnung, Angst, Wärme, Trauer und Hochgefühl wirbelten durcheinander und verschmolzen zu einem unvorstellbar tiefen Ganzen – Liebe.

Liebe ist ein Wort, das in viele Formen gepresst wurde, aber diese Liebe war perfekt und vollständig, die Summe aller Momente eines Lebens, das man mit bewundernden Augen betrachtet. Sie war größer als alles, was ich je wahrgenommen, und einfacher als alles, was ich je erlebt hatte. Plötzlich verstand ich, warum Jesus sich für den Tod am Kreuz entschied, und in diesem Moment hätte ich dasselbe getan.

Das Gefühl wurde immer stärker. Es schwoll in meinem Kopf an und quoll aus meinem Herzen heraus; mein ganzes Wesen war zu klein, um es zu halten. Es war fast schmerzhaft. Überwältigt riss ich meinen Blick von dem Mädchen los und sah weg.

Dann blieb mein Blick wie ein Magnet an einem der Jungs aus meiner Jugendgruppe haften. Wieder strömte ein ganzes Leben durch meine Augen. Wieder erfüllte mich eine Liebe, die ich nicht erklären oder eindämmen konnte, bis ich mich losriss, um nicht zu platzen. Dann fiel mein Blick auf einen der anderen zufällig anwesenden Konferenzteilnehmer. Ich war ihm noch nie begegnet, aber ich wusste alles, was man über ihn wissen konnte.

Leider befand ich mich, wie bereits erwähnt, in einer sehr großen Menschenmenge. Schon bald war ich in der Falle und hüpfte von Person zu Person. Ich hatte zu kämpfen, dass mein Gehirn nicht explodierte. Ich beschreibe es als ein Gefühl, aber das war keine hohle Zuneigung. Diese Liebe verlangte nichts von der Person, aber sie verlangte, zum Ausdruck zu kommen. Am liebsten hätte ich über jeden Einzelnen von ihnen prophezeit. Ich wollte ihnen zusingen, sie küssen, sie umarmen, für sie beten, sie am Gesicht packen und schreien: „Du bist geliebt!", bis meine Lungen platzten. Aber alles, was ich zu tun gedachte, um diese Liebe auszudrücken, war im Vergleich zu ihr so schmerzhaft und erbärmlich unzureichend, dass ich mich wie gelähmt fühlte. Nichts war genug.

Schließlich kam ich auf eine glänzende Idee und starrte auf meine eigenen Füße. Das funktionierte eine Sekunde lang, dann schob sich der Fuß einer anderen Person in mein Blickfeld und, ich mache keinen Scherz, ich sah alles, was es über ihr Leben zu wissen gab. Ich sah jeden Moment der Freude und jeden Moment des Schmerzes. Ich sah ihr ganzes Potenzial. Ich sah, wie weit sie es mit diesem Potenzial bringen würde. Und ich verliebte mich voll und ganz in diese Person, ohne jemals ihr Gesicht gesehen zu haben.

Schließlich lichtete sich die Menge so weit, dass ich den Weg zurück zu meinem Zelt finden konnte und Kopf voraus in mein Kissen fiel. Als ich am nächsten Morgen aufwachte, war es zum Glück weg, denn ich weiß nicht, wie ich sonst zurechtgekommen wäre.

Ich erzähle diese Geschichte oft. Sie ist zweifellos meine Lieblingsgeschichte, nicht nur wegen der Geschichte an sich, sondern auch wegen der Bedeutung, die sie für mich in dieser Zeit in meinem Leben hatte. Dieser Moment hat meinen Glauben an Gott nicht sofort wiederhergestellt und er hat meinen Glauben an meine eigene Begabung nicht gefestigt – aber ich glaube, er hat mir etwas noch Besseres gegeben.

Ich hätte diese Vision auseinandernehmen können, sobald sich meine überwältigten Sinne beruhigt hatten. Das wäre gar nicht so schwer gewesen. In meinem Kopf schwirrte ja bereits ein ganzes Leben lang der christliche Glaube herum. Es war nur logisch, dass eine Halluzination den Spuren folgen würde, die in meinem Kopf bereits angelegt waren. Fügt man dann noch ein wenig

Schlafmangel und den Hype von der Konferenz hinzu, hat man ein solides Rezept für ein falsches Erlebnis.

Nachdem sich meine Emotionen abgekühlt hatten, war ich jedoch überrascht, dass ich, obwohl ich leicht erkennen konnte, wie ich jeden Teil des Erlebnisses auseinandernehmen konnte, dies einfach nicht wollte. Der rationale Teil meines Gehirns wollte sicher sein, dass ich mir nichts vormachte. Der emotionale Teil meines Gehirns hatte immer noch tausend ungelöste Fragen und Bedenken. Aber trotzdem waren alle Teile meines Gehirns, jeder Zentimeter meines Herzens immer noch von der Liebe begeistert, die an jenem Tag durch mich hindurchgeflossen war.

Ich wusste immer noch nicht, was ich von der Kirche hielt. Ich wusste immer noch nicht, was ich vom modernen Christentum hielt. Aber ich wusste, dass ich gerne alles tun würde, was einer solchen Liebe diente.

Stück für Stück, Tag für Tag, führte diese Liebe dazu, dass ich fast alles, woran ich früher geglaubt hatte, wieder in mein Leben integrierte. Ich sah aber jedes dieser Elemente in einem neuen Licht, mit einem neuen Feuer in der Mitte, einem Feuer der ewigen Liebe. Ich bin jetzt froh, mich Christ zu nennen, und glücklich, Leiter in einer Gemeinde zu sein. Habe ich immer noch Probleme mit der Art und Weise, wie Teile der Kirche und des Christentums heute funktionieren? Ja! Aber ich bin bereit, mit meinen christlichen Brüdern und Schwestern zusammenzuarbeiten und zu der einen Gemeinde zu werden, die es wert ist, Braut Christi genannt zu werden.

Was bedeutet das für meinen Glauben über das Sehen im Geist? Nun, das ist interessant. Ich glaube nicht an das, was ich sehe. Ich glaube an Jesus. Wenn das, was ich sehe, auf ihn hinweist, dann glaube ich es. Wenn nicht, warte ich, beobachte und höre zu, bis es so ist. Bis jetzt war es immer so. Habe ich eine halluzinatorische psychische Störung? Vielleicht. Glaube ich das? Nein. Tatsache ist, dass es mir eigentlich egal ist, auch wenn das für einige von euch seltsam klingen mag. Ich habe es nicht nötig, dass das, was ich sehe, als Teil einer besonderen Gabe betrachtet wird. Ich muss kein besonderer Mensch sein. Alles, was ich sein muss, findet sich in der Liebe, die ich bei dieser Veranstaltung in

England gespürt habe – eine Liebe, die ich auch heute noch spüre, wenn ich mir einen Moment Zeit nehme, um nach ihr zu greifen; eine Liebe, die schon brannte, bevor die Erde gegründet wurde; eine Liebe, die noch da sein wird, wenn die Erde schon längst vergangen ist; eine Liebe, die auf mich gerichtet ist; eine Liebe, die auf dich gerichtet ist, jetzt und für immer. Das ist meine Geschichte.

KAPITEL 12

Die Sprache des Himmels, Teil 3

Nehmen wir uns nun einen Moment Zeit, um uns die Geschichte aus dem vorherigen Kapitel noch einmal anzusehen. Wir können unseren geistlichen Wortschatz testen und sehen, wie es um unsere himmlische Grammatik bestellt ist.

Die Vision begann damit, dass Jesus vorne auf und ab ging und bei jedem Schritt seine Augen auf sie richtete. Ich hörte eine Stimme sagen: „Er sieht niemanden außer ihr."

Stimmt das? Hat Jesus buchstäblich nur sie gesehen? Das glaube ich nicht. Fast hundert Kinder rannten am Ende des Gottesdienstes nach vorne. Hat Jesus keinen von ihnen gesehen?

Ich glaube nicht, dass die Stimme, die ich hörte, etwas Wörtliches sagte, aber ich glaube, sie sagte etwas Wahres. Jesus hat jede Person in diesem Raum gesehen, aber wenn man das sagt, fühlt sich seine Liebe allgemein und unpersönlich an. Ich glaube, das liegt daran, dass wir Gott allzu leicht menschliche Grenzen auferlegen. Wir selbst müssten unseren Fokus von der Menge auf einen Einzelnen und dann auf einen weiteren Einzelnen richten. Du oder ich würden Stunden brauchen, um jeden Einzelnen in einem solchen Raum zu sehen, aber Gott sieht die Menge und jeden Einzelnen gleichzeitig.

So, wie man lernt, wie der Mond funktioniert, ist es für meinen begrenzten Verstand einfacher, die Kernbotschaft dieser Vision – „Gottes Liebe für den Einzelnen" – zu verstehen, wenn ich sehe, wie Jesus sich auf eine Person ganz hinten im Raum konzentriert. So wird dieser Punkt deutlicher vermittelt.

Hätte ich eine ähnliche, aber andere Version von Jesus sehen können, wie er hin und her geht und jeden der hundert Menschen ansieht, die am Ende zu ihm kommen? Hätte ich ein Bild von Jesus sehen können, wie er sich mit allen hundert Menschen gleichzeitig unterhält? Wahrscheinlich schon. Aber das war es nicht, was ich an diesem Tag sah.

Der Sprecher lud die Leute ein, nach vorne zu kommen, um Jesus in ihr Leben aufzunehmen. Das Mädchen hob seinen Kopf. Er eilte zu ihr. Ketten erschienen um sie herum. Sie sackte wieder in sich zusammen. Er küsste sie auf die Stirn.

Wenn ich an das zurückdenke, erscheint alles mit dem Rhythmus und der Präzision eines Tanzes, als wäre alles im Voraus geplant worden. Das heißt nicht, dass es unauthentisch oder inszeniert wirkte. Die Bewegungen eines Tanzes sind vorgegeben, aber die Tänzerinnen und Tänzer tanzen trotzdem. Selbst wenn sie denselben Tanz tausendmal tanzen würden, wäre es jedes Mal etwas anders.

Sie hob ihren Kopf, die kleinste Geste der Einladung. Jesus schloss sofort die Lücke zwischen ihm und ihr – ein Echo der Distanz, die er zurücklegte, als er seine Göttlichkeit ablegte, um die Kluft für die ganze Menschheit zu überbrücken. Die Ketten tauchten überall um sie herum auf. Sie waren übereinandergestapelt, dick und schwer. Vier Dämonen hielten sie zurück. Sie ließ den Kopf sinken. Selbst ihre kleinste Anstrengung war nicht genug. Sie war so aussichtslos gefesselt.

Dann beugte sich Jesus herunter und küsste ihre Stirn. Im Evangelium geht es nicht darum, dass wir uns anstrengen, selbst wenn es nur darum geht, den Kopf zu heben. Ich ringe immer noch mit dem göttlichen Geheimnis, das in diesem Moment veranschaulicht wurde. Wir sind nicht durch unsere eigene Anstrengung gerettet worden, aber ist nicht auch der Glaube eine Anstrengung? Ist es nicht eine Anstrengung, Jesus in unser Leben einzuladen? Ich kenne die Antworten auf diese Fragen nicht, aber ich fühle die Antwort, wenn ich diesen Tanz in meinem Kopf sehe. Ja, sie hob ihren Kopf auf die Einladung hin, aber als Jesus zu ihr kam, war sie mehr als unfähig. Das machte jedoch nichts. Er überbrückte auch diese Kluft.

Die Ketten explodierten. Die Dämonen wurden aus dem Blickfeld geschleudert. Die ganze Welt wurde weiß. Jesus und das Mädchen umarmten sich.

Genauso wie ihre kleinste Anstrengung offenbarte, wie sehr sie gefesselt war, befreite die kleinste Anstrengung Jesu, ein sanfter Kuss auf die Stirn, sie sofort und vollständig. Normalerweise finde ich es übertrieben und unpassend, jedes kleine Detail der Dinge, die ich sehe, zu erwähnen, weshalb einige Kürzungen notwendig sind, aber ich bereue es immer, nicht zu erklären, wie schön es aussah, als die Ketten zerbrachen.

Jedes Glied platzte und spaltete sich nacheinander über die schmale Stelle. Bei jeder Explosion sprühten weiße Funken, und jedes Glied löste sich in weiße Lichtpartikel auf. Sie schlugen nicht einmal auf dem Boden auf. Sie lösten sich in Nichts auf, waren völlig verschwunden.

Vielleicht ist das ein Bild dafür, wie vollständig der Akt der Erlösung ist. Vielleicht mag Gott es einfach, hässliche Dinge schön zu machen.

Die Dämonen waren weg, noch bevor sich die Ketten vollständig auflösten; sie spielten keine Rolle.

Ich weiß nicht, warum die ganze Welt um mich herum verschwand. Ich weiß nicht, warum ich nicht einmal meinen eigenen Körper sehen konnte. Vielleicht war es ein Bild dafür, dass dieser Moment nur den beiden gehörte. Vielleicht fühlte ich mich deshalb wie ein Eindringling, als sie sich umarmten.

Eine riesige Hand kam von oben und berührte mich an der Stirn.

Ich habe keine Ahnung, was das zu bedeuten hatte. Hat Gott mich gesalbt, damit ich die Menschen so sehe, wie er es tut? Das ergibt einen gewissen Sinn, wenn man bedenkt, was danach geschah. Hat er mich aus der Vision herausgestoßen, wie man eine Katze von den Möbeln schubst? Ich weiß es nicht. Aber es war eine große Hand.

Ich fing an, jeden Teil des Lebens einer Person zu sehen, wenn ich sie länger als eine Sekunde ansah. Ich sah ihr Potenzial und wie weit sie es mit diesem Potenzial bringen würde. Ich verliebte mich total in jede einzelne von ihnen.

Ich habe alles gesehen. Nicht wie ein Film im Schnelldurchlauf oder eine rasante Diashow. Alles kam mir wie eine Erinnerung vor, die ich einen Moment zuvor noch nicht hatte. Es war, als würde man einen Bruder, eine Schwester oder einen lieben Freund an seinem Hochzeitstag sehen. Du siehst sie in diesem Moment, aber du siehst auch all die Momente, die zu diesem Moment geführt haben. Ganz so war es zwar nicht, aber es war ähnlich. Ich habe in dieser Nacht viele schwierige Dinge gesehen. Ich habe aber auch viele schöne Dinge gesehen. Wir alle haben ein bewegtes Leben, auch wenn wir noch jung sind.

Die Sache mit dem „Potenzial" macht den Leuten immer ein bisschen Angst. *Meinst du, Gott hat einen Plan für mein Leben und ich könnte ihn vermasseln? Wie sehr habe ich ihn schon vermasselt? Vermassle ich ihn gerade jetzt?*

Wie die Ketten ist auch dies ein Detail der Geschichte, das ich oft bedauere, es übergangen zu haben. Ich sah das für jede Person wie einen Baum. Jeder Baum hatte Tausende von Ästen, und jeder Ast hatte Blätter mit Bildern jeglicher Art. Ich sah, wie eine reine, weiße Linie jeden Baum hinauflief und einem einzigen Weg von der Wurzel bis zur Spitze eines Astes folgte. Ich wusste, dass dies der perfekte Plan Gottes war. Dann sah ich, wie ein Strom von Farbe den Stamm des Baumes hinauffloss und die Äste ausfüllte. Manchmal füllte er die Dinge entlang des Weges, den Gott geplant hatte, manchmal aber auch nicht.

Funktioniert Gottes Plan so? Was ist, wenn ich bereits auf dem völlig falschen Weg bin? Ist es dann schon zu spät? Langsam, langsam! Ich würde zögern, aus diesem Teil der Vision zu viele Schlüsse darüber zu ziehen, wie Gottes Pläne funktionieren. *Warum? Willst du damit sagen, dass dieser Teil der Vision nicht wahr war?* Nein, ich glaube nicht, dass er unwahr ist, aber ich glaube, er ist nur ein Teil der Wahrheit.

In dieser Vision ging es nicht darum, wie Gottes Plan funktioniert. Es war eine Vision über Gottes Liebe zum Einzelnen, wie groß seine Liebe zu jedem einzelnen Menschen ist. Ich sah das gesamte Leben eines jeden Menschen – das Gute, das Schlechte und alles dazwischen. Ich sah Gottes perfekten Plan für ihr Leben und wie sehr sie darin versagen würden, ihn zu erfüllen. Dann spürte ich, wie eine Liebe, die intensiver war als alles, was ich je erlebt hatte, mein ganzes Wesen durchströmte. Das ließ keinen Raum, um sich über ihre Fehler zu sorgen, weder in der

Vergangenheit noch in der Zukunft. Das soll nicht heißen, dass diese Dinge keine Rolle spielten oder keine Konsequenzen hatten, sondern nur, dass seine Liebe so gewaltig war, dass sie alle wie ein Kieselstein im Vergleich zur ganzen Erde waren.

*****

Ich hoffe, dass diese kleine Übung hilfreich war, um zu überprüfen, wie du dich in deiner Fähigkeit entwickelst, die Sprache des Himmels zu verstehen, und um ein bisschen mehr aus dieser Geschichte herauszuholen. Ich möchte aber auch die Gelegenheit nutzen, um auf eine weitere wichtige Facette hinzuweisen, wenn wir die Sprache des Himmels verstehen wollen, eine Übersetzungsregel, wenn du so willst.

Egal, ob du die Bibel liest, einen Traum deutest oder versuchst, eine Vision zu verstehen, halte immer nach der Hauptbotschaft Ausschau. Diese Vision war umfangreich und komplex. Sie gibt viel Raum für Überanalysen und voreilige Schlüsse aus jedem kleinen Detail. Aber wenn wir uns auf die Hauptbotschaft konzentrieren, passiert uns das nicht so leicht.

In dieser Vision ging es um Gottes Liebe für den Einzelnen. Die Vision mit der Frau in der Gasse und dem Engel, der für sie kämpfte, handelte davon, wie schmerzhaft und geheimnisvoll das Leben ist, und dass Gott trotzdem gut ist und der Himmel für uns kämpft. In der Vision mit dem Engel und der Schriftrolle, die Gottes Pläne darstellte, ging es darum, wie groß und unglaublich Gottes Verstand ist und wie gut er mit uns umgehen kann.

Sind das perfekte Formulierungen der Hauptbotschaft jeder dieser Visionen? Wahrscheinlich nicht. Aber sie sind ausgefeilter als noch vor einem, zwei oder zehn Jahren. Bei der Suche nach der Hauptbotschaft geht es nicht darum, sie perfekt zu formulieren. Es geht darum, das größere Bild zu sehen, den breiteren Kontext. Das kann uns davor bewahren, Maulwurfshügel als Berge zu betrachten oder den Wald vor lauter Bäumen nicht mehr zu sehen.

Die Sprache präzisieren

Als Kind traf ich einmal den älteren Bruder einer meiner Freunde, als er von seinem Studium am College zu Besuch kam. Ich hatte keine Ahnung, wie man mit einem Studenten redet, aber ich hatte einen Film gesehen, in dem jemand einen anderen fragte, was er studiere, also fragte ich das auch.

„Ich studiere Englisch", antwortete er.

Ich legte meine Stirn in Falten. „Hast du es noch nicht kapiert?"

Er lachte darüber. Damals wusste ich nicht, warum, aber jetzt verstehe ich es. Es gibt keine Obergrenze für das Erlernen einer Sprache. Du kannst genug lernen, um ein Essen zu bestellen, einen Witz zu machen oder eine fließende Unterhaltung zu führen, aber selbst das ist nur der Anfang. Jede Sprache hat unzählige, beliebige Feinheiten und Nuancen. Die Menschen verbringen ihr ganzes Leben damit, durch Schreiben, Sprechen, Dichten, Singen und vieles mehr zu lernen, die Sprache zu beherrschen.

Man wird nie fertig, wenn man die Sprache des Himmels beherrschen will. Es ist ein Denkrahmen, der auf dem Wesen Gottes aufbaut und uns lehrt, wie unser Vater zu denken. Daran werden wir für den Rest unseres Lebens und, wie ich glaube, auch für den Rest der Ewigkeit arbeiten.

Wir werden vielleicht nie ankommen, aber ich glaube, wir können große Fortschritte machen.

Aber warum sollten wir das tun? Weil es zu unserem eigenen Vorteil ist? Oder um Gott zu gefallen? Das mögen gute Gründe sein, aber sie sind nicht meine Hauptmotivation.

Ein paar Wochen, nachdem ich von der Jugendreise nach Europa zurückkam, organisierte eine der Jugendlichen, die an der Reise teilgenommen hatten, ein Treffen für alle, die mitgefahren waren. Sie wollte, dass wir miteinander Gott anbeteten und beteten. Ich ging hin, blieb aber die meiste Zeit des Abends still. Ich war immer noch verwirrt von dem, was ich in jener letzten Nacht in England gesehen hatte. Ich hatte noch niemandem davon erzählt und war mir immer noch nicht sicher, was es für meinem damaligen Glaubenskampf bedeutete.

Eine Person spielte Gitarre mit der Handvoll Akkorde, die sie kannte, eine andere sang meist in der richtigen Tonart, und jeder der Jugendlichen sprach abwechselnd ein leidenschaftliches, aber unbeholfenes Gebet.

Dann passierte es wieder. Ich sah das Mädchen an, das Gitarre spielte, und in einem Rausch zog ihr ganzes Leben an mir vorbei. Ich sah das Gute. Ich sah das Schlechte. Ich sah Gottes Plan für ihr Leben. Ich sah, für welche Teile davon sie sich entscheiden würde und für welche nicht. Wieder strömte die unfassbare Liebe in mich hinein. Wieder füllte sie jeden Winkel meiner Psyche bis zum Bersten aus. Wieder würde ich alles tun, um dieser Liebe Ausdruck zu verleihen. Und wieder war alles nicht annähernd genug.

Meine Augen flitzten von Person zu Person. Ich fühlte mich zu jedem von ihnen hingezogen, aber jeden von ihnen anzuschauen war eine „schöne Qual". Ein Teil von mir merkte, dass es nicht mehr ganz so überwältigend war wie beim letzten Mal, auch wenn der größte Teil von mir in Panik war. Es war immer noch mehr, als ich in Worte fassen konnte, aber es kam ein bisschen langsamer. In England fühlte es sich so an, als wäre meine Seele jedes Mal, wenn ich jemanden ansah, vom Rand der Niagarafälle gesaugt und aufgewühlt auf dem Grund zurückgelassen worden. Dieses Mal war es nur eine Fahrt durch Stromschnellen der Kategorie fünf.

In meinem Hinterkopf meldete sich eine Stimme zu Wort, die sich sehr nach der Stimme anhörte, die gesagt hatte: „Er sieht nur sie."

Diesmal sagte sie: „Sprich einfach!"

Also tat ich es. Ich prophezeite über jede Person im Raum. Das war das Einzige, was ich tun konnte, um die Liebe, die ich empfand, auch nur annähernd auszudrücken.

Das gelang mir nicht, aber es war gut. Ich hatte noch nie über so viele Menschen auf einmal prophezeit – es waren nur neunzehn –, aber das war für mich damals schon viel. Jede Person schien gesegnet zu sein, aber ich fühlte mich mehr als nur ein bisschen leer. Es war, als würde man versuchen, einen Sonnenuntergang mit Buntstiften zu malen oder eine von Beethovens

Sinfonien auf dem Kazoo zu spielen; irgendetwas kam rüber, aber es war schmerzlich zu sehen, wie viel nicht.

Drei Monate später passierte es wieder. Wir waren auf einem Gebetstreffen und ich fing an, das Leben der Menschen zu sehen und die gleiche überwältigende Liebe zu spüren. Ich prophezeite wieder, und es war wieder gut, aber es fehlte immer noch so viel.

Es passierte auch wieder mit einer mir unbekannten Frau in einem Laden. Ich war mir nicht sicher, ob es sie verwirrte oder ihr den Tag versüßte, aber ich tat mein Bestes.

Es passierte immer wieder, nicht häufiger, aber immer wieder. Ich nahm meine alten prophetischen Notizbücher wieder zur Hand. Ich musste lernen, wie ich diese Liebe besser zum Ausdruck bringen konnte. Ich fing wieder an, die Bibel zu lesen. Wenn ich diese Liebe ausdrücken wollte, musste ich verstehen, woher sie kam. Ich begann wieder, das Prophetische mit anderen zusammen zu praktizieren. Ich musste wachsen, denn diese Liebe war es wert zu wachsen. Ich machte aus meinem Hobby, dem Schreiben, eine ernsthaftere Sache; ich musste lernen, diese Liebe zu vermitteln.

Ich fing an, die Sprache des Himmels zu lernen.

Solltest du die Sprache des Himmels zu deinem eigenen Nutzen lernen? Ja, sie wird deinem Leben auf eine Weise zugutekommen, die du dir nicht vorstellen kannst. Solltest du die Sprache des Himmels lernen, um Gott zu gefallen? Nun, ich würde das ein wenig abwandeln und sagen, dass du die Sprache des Himmels lernen solltest, damit du genau weißt, wie zufrieden er mit dir ist.

Das sind beides wunderbare Gründe, um die Sprache des Himmels zu lernen. Aber ich habe mein Leben damit verbracht, die Sprache des Himmels zu lernen, damit ich dazu beitragen kann, den Menschen zu zeigen, wie der Himmel aussieht. Ich möchte, so gut ich kann, in der Lage sein, den Menschen zu zeigen, wer Gott ist. Ich möchte lernen, wie ich ihn in jedem Aspekt meines Lebens repräsentieren kann. Ich möchte lernen, wie ich mein ganzes Leben als heilig betrachten, voll und ganz in der Welt leben, aber voll und ganz durch den Geist leben kann.

Wenn wir das tun – unsere Kenntnis der Kultur und des Wesens Gottes täglich erweitern –, dann lernen wir nicht nur eine Sprache. Wir werden den Himmel auf die Erde bringen.

Fazit

In diesem Buch haben wir erforscht, wie die geistliche Welt funktioniert, wir haben gelernt, die Sprache des Himmels zu verstehen, und wir haben entdeckt, wie wir als geistliche Wesen in all dem unseren Platz finden. Bevor wir uns voneinander verabschieden, möchte ich ein letztes Mal die Gelegenheit ergreifen, um einen Schritt zurückzutreten und einen Blick über den Tellerrand zu werfen.

Was ist weltlich? Traditionell wird dieses Wort verwendet, um den Unterschied zwischen traditioneller und geistlicher Arbeit zu bezeichnen. Ich bin mir sicher, dass jeder von uns diese Grenzen im Kopf etwas anders zieht, manche bewusst und manche unbewusst. Ist deine Zeit im Gottesdienst am Sonntag heilig und alles andere weltlich? Wenn du Autos verkaufst, ist das ein weltlicher Job? Was ist, wenn du für eine gemeinnützige Organisation arbeitest, die Obdachlose ernährt? Ist das weltlich, wenn eine nicht-religiöse Organisation dahintersteht, und heilig, wenn es eine Kirche/Gemeinde betreibt?

Ich hoffe, du hast in unserer gemeinsamen Zeit erkannt, dass alles, was wir tun, geistlich ist. Wenn alles, was wir tun, geistlich ist, bedeutet das dann auch, dass alles, was wir tun, heilig ist? Das kann nicht sein, denn einiges von dem, was wir tun, schadet uns und anderen. Hat der Unterschied also mit Moral zu tun? Wenn nicht, mit was dann?

Ich möchte etwas tun, was ich normalerweise vermeide, und versuchen, eine Definition für diese drei Wörter zu geben, nicht weil ich denke, dass es die richtigen Definitionen sind, sondern weil ich denke, dass sie hilfreich sind.

Ich möchte die Behauptung aufstellen, dass alles, was wir zur Ehre Gottes tun, heilig ist, und dass alles andere weltlich ist.

Weltlich bedeutet nicht unbedingt böse, nur nicht zur Ehre Gottes. Das ist ein hilfreicher Rahmen, weil er den Horizont erweitert, wie die Herrlichkeit Gottes zum Ausdruck gebracht werden kann. Gottes Herrlichkeit kann durch Kunst, Literatur, Industrie, Bildung, Erfindungen, Beziehungen, Familie, Religion, Politik, Regierung, Natur, Technologie, Zivilisation und alle anderen noch zu entdeckenden Mittel offenbart werden. Aber seine Herrlichkeit wird nicht immer in diesen Dingen offenbart.

Ich glaube, dass dies ein hilfreicher Rahmen ist, um zu verstehen, wie die geistliche Welt mit all diesen Aspekten der Schöpfung interagiert und dass jeder dieser Aspekte weltlich oder heilig sein kann. Aber wo ist unser Platz in dem allem? Was bedeutet es, ein Geist zu sein?

Ein Traum und ein Garten

An einem Samstagnachmittag stand ich vor meinem Haus und sah zu, wie meine Kinder mit ihren Fahrrädern in der Einfahrt im Kreis fuhren. Ich wollte gerade reingehen, um einen Schluck Wasser zu trinken, als ich mich umdrehte und Jesus am Ende meiner Einfahrt sah. Wie du bereits weißt, war das nicht das erste Mal, dass ich Jesus gesehen habe, aber es war das erste Mal, dass ich ihn so gesehen habe.

Er war über sechs Meter groß und in Gewänder aus Schichten von Purpur und Gold gekleidet, die mit Edelmetallen und Edelsteinen geschmückt waren. Sein Kopf und sein Gesicht leuchteten so hell, dass die Sonne demgegenüber nur noch trüb wirkte. Meine Knie zitterten und ich fühlte mich unglaublich klein. Die Autorität, die von ihm ausging, war überwältigend, aber ich spürte auch die Güte, die mit den ausströmenden Wellen der Kraft verwoben war. Das gab mir ein tieferes Verständnis dafür, was es für ihn bedeutet, sowohl der Löwe als auch das Lamm zu sein.

Meine Kinder schienen nicht zu bemerken, dass der König der Könige neben unserem Briefkasten stand. Sie fuhren weiter mit ihren Fahrrädern die Einfahrt hinauf und hinunter und bogen direkt vor seinen riesigen Füßen ab. Ich glaubte, ein Lächeln gesehen zu haben, als sie vorbeifuhren, aber sein Gesicht war zu hell, um mir da sicher zu sein.

In diesem Moment bemerkte ich, dass etwas hinter ihm war, etwas Großes und Rechteckiges. Hohe schwarze Schubladenreihen, so hoch, dass sie die Sonne verdeckten, standen in perfekten Abständen in der Straße vor meinem Haus. Jede Reihe hatte Dutzende von großen, quadratischen Schubladen, die etwa so groß waren wie die in einem Aktenschrank. Es sah aus, als wäre die Straße vor meinem Haus plötzlich in die Aktenabteilung eines alten Bürogebäudes oder einer Bibliothek verwandelt worden.

„Was ist das?" fragte ich laut.

„Es ist ein Friedhof." Seine Stimme erschütterte mich bis ins Mark, hielt mich aber gleichzeitig auch aufrecht.

Ein Friedhof? Was soll das denn bedeuten?, dachte ich. *Also mit toten Menschen? Das ist seltsam. Das kommt mir komisch vor. Was ist hier eigentlich los?*

Ich nahm an, dass Jesus meine Gedanken hören konnte, aber ich erwartete nicht, dass er antwortete. Ich habe lange genug mit dieser Art von Erfahrungen gelebt, um ein Gefühl dafür zu bekommen, was erwartet wird. Deshalb fragte ich instinktiv laut: „Was ist das?"

Ich weiß nicht genau, warum, aber manche Begegnungen haben einen vorgeschriebenen Ablauf und Rhythmus. Das bedeutet nicht, dass du alles perfekt sagen musst oder dass du für eine falsche Frage eine Ohrfeige bekommst. Aber auch hier gibt es, wie beim Tanz, bestimmte Schritte, die du befolgen musst.

Also tastete ich nach dem Rhythmus und stellte die nächste Frage. „Warum ist es hier?"

„Es ist ein Friedhof der Träume."

Ich schaute die Straße in beiden Richtungen entlang. Die Reihen hoher Schubladen reichten in beide Richtungen so weit ich sehen konnte, jede höher als die benachbarten Bäume. Verwirrt darüber, weshalb sich Tausende von toten Träumen in einem kleinen Vorstadtviertel im Süden von Atlanta befinden sollten, fragte ich erneut: „Warum ist er hier?"

„Dieser Friedhof bedeckt die ganze Erde. Es gibt keinen Ort, an dem er nicht ist."

Ich schaute wieder hin und sah Reihen identischer Schubladen, die sich über meinem Garten, den Wald hinter meinem Haus und darüber hinaus hinzogen. Ich drehte mich um, um Jesus anzusehen und sah plötzlich Reihen von Schubladen auf beiden Seiten von mir und auf beiden Seiten von ihm. Wir befanden uns in einem endlosen Labyrinth aus hohen Schubladen.

Warum wurden die Träume der Menschen in Schubladen gestapelt? Warum waren es so viele? Ich wartete und tastete wieder nach dem Rhythmus. Dann kam mir ein Gedanke.

„Wessen Träume sind das?"

Ich spürte, wie Jesus lächelte, obwohl ich sein Gesicht immer noch nicht deutlich sehen konnte. „Es sind meine."

Während er sprach, schoss mir eine Reihe von Bildern durch den Kopf. Ich sah Momentaufnahmen von anderen Städten und Nationen. Ich sah die Reihen von Regalen und Schubladen, die überall alles bedeckten. Es gab keinen Ort auf der Erde, für den Gott nicht einen Traum hatte. Der Gedanke war nicht unbedingt neu, aber die Tiefe und Klarheit dahinter schon. Jede Stadt, jedes Haus, jeder Teil der Gesellschaft in jedem Land und in jedem Teil der Welt – für sie alle hatte Gott Träume.

Während sich diese Erkenntnis noch in meinem Kopf niederschlug, schaute ich mir die Schubladen genauer an. Das machte diese Vision für mich klarer. Ich bemerkte schnell, dass es zwei Arten von Schubladen gab. Einige der Schubladen waren in einfachem Mattgrau mit einem Stahlgriff. Die anderen waren aus Marmor und wunderschön mit Messing und Gold verziert. Bei einigen von ihnen waren sogar Blumen oder Bänder in die Griffe gesteckt. Etwas an den grauen fühlte sich traurig, hohl und leblos an. Die vergoldeten hatten etwas Fröhliches, Friedliches und Vollkommenes an sich.

Ich wandte mich an Jesus, und er beantwortete meine Frage, bevor ich sie gestellt hatte. „Nicht alle meine Träume gehen in Erfüllung."

Er zog aus einem der unteren Regale eine der verzierten Schubladen auf, nur wenige Zentimeter. Ich näherte mich der offenen Schublade und war schockiert, als ich darin Füße sah. Ich neigte den Kopf, um ein wenig tiefer in die Schublade schauen zu können. Da lag eine Person, eine ganze Person, auf dem Rücken.

„Alle meine Träume werden durch meine Kinder erfüllt", sagte er.

Ich bin schon lange genug dabei, um zu wissen, dass es sich dabei nicht buchstäblich um eine Person, einen Geist oder etwas Ähnliches handelte, aber diese Vision stellte etwas dar, das sehr buchstäblich war: die Träume Gottes und die Menschen, die ihr Leben der Erfüllung dieser Träume gewidmet hatten.

Er öffnete eine der mattgrauen Schubladen. Sie war voller Papiere, Hunderte von ihnen, die die Schublade von vorne bis hinten ausfüllten. Er blätterte durch einige der Seiten. Die Papiere in der Schublade kann man am besten mit einem Geschäftsplan vergleichen. Jesus hatte einen Plan, einen Traum, und er hatte dafür jedes einzelne Detail ausgearbeitet. Er hatte alle Kosten berechnet, sich auf alle Eventualitäten vorbereitet und jeden Schritt genauestens aufgezeichnet. Es war ein perfekter und vollständiger Plan, aber er war nicht zustande gekommen.

Ich schaute auf die Tausende Schubladen über und neben mir und stellte fest, dass es mehr mattgraue Schubladen als vergoldete gab – viel mehr. Eine Welle der Wut und der Trauer durchfuhr mich. Es war plötzlich und überwältigend. Ich konnte all das Gute sehen, all die Herrlichkeit, die Gott im Laufe der Geschichte vollbringen wollte, wofür sich aber keiner seiner Söhne bzw. Töchter einsetzen wollte. Ich konnte all die Verletzten und Zerbrochenen sehen, für die er Pläne zu ihrer Heilung und Erlösung erstellt hatte, auf die aber kein Kind Gottes einging. Er hatte Pläne für jeden Ort der Erde und jeden Zeitpunkt der Geschichte, aber sehr viele waren bereits abgelaufen.

Ohne nachzudenken, drehte ich meinen Kopf um, sah Jesus an und rief: „Warum träumst du dann überhaupt?"

Er hielt einen Moment lang inne, und die Wut in meinem Herzen beruhigte sich. Er antwortete fest, zuversichtlich und freundlich: „Ich höre nie auf, an meine Kinder zu glauben, egal wie oft meine Hoffnung aufgeschoben wird."

Ich stand eine Minute lang da und ließ mich vollends zur Ruhe kommen. Dann sagte Jesus: „Willst du deine sehen?"

Ich sah ihn an und sagte: „Natürlich!"

Sofort griff er nach oben mitten in die Regale hinein und verschob die ganze Schubladenwand wie auf einem Gleis. Sie flog an mir vorbei, bis er sie mit seiner Handfläche stoppte.

Dieser neue Bereich von Schubladen war anders. Alle waren vergoldet, und alle waren offen. Sofort wusste ich, dass dies die Träume waren, die weder erfüllt noch unerfüllt waren, die darauf warteten, dass seine Kinder herbeikamen.

Eine Schublade befand sich direkt vor meiner Brust. Ich wusste, dass es meine war, noch bevor er nach ihr griff und sie ganz öffnete. Das Innere war gepolstert und mit Stoff bezogen wie ein schicker Sarg. Mir fiel plötzlich auf, wie eng die Schublade war.

„Sie scheint ein bisschen klein zu sein", sagte ich, schaute an mir herunter und fragte mich, ob ich da reinpassen würden.

„Das ist richtig. Sie ist klein", sagte Jesus und legte seine Hand auf meine Schulter. „Da drin ist kein Platz für deine Träume, nur für meine."

Ich drehte mich um und sah ihn an.

„Es ist in Ordnung", sagte er. „Ich werde deine Träume für dich aufbewahren."

Es war weder ein Versprechen, dass er meine Träume in die Schublade legen würde, noch ein Versprechen, dass er es nicht tun würde, sondern eine Einladung, ihm zu vertrauen.

Bevor ich zögern oder nachdenken konnte, trat ich in die Schublade hinein.

In dem Moment, als mein Schuh den Boden der Schublade berührte, war ich durch eine offene Vision völlig geblendet. Ich konnte den Boden unter meinen Füßen spüren und das Geräusch der Fahrradräder meiner Kinder auf dem Pflaster hören, konnte aber beides nicht sehen. Obwohl ich einen Anflug von elterlicher Sorge verspürte, erinnerte ich mich an die Erfahrung, die ich vor Jahren beim Autofahren hatte. Gott hatte mich damals beschützt, weshalb es dumm gewesen wäre, ihm jetzt nicht zu vertrauen.

In der offenen Vision fand ich mich tausende Meter in der Luft schwebend wieder. Ich schaute nach unten und sah eine Stadt weit unter mir, etwas weniger weit entfernt als von einem Flugzeug aus. Rechts von mir sah ich Hunderte Menschen, die genau wie ich in der Luft schwebten. Und auch links sah ich Hunderte

Menschen, die in einer Reihe in der Luft hingen und in die gleiche Richtung blickten.

Ich schaute zurück und sah Jesus, genauso prächtig und herrlich wie zuvor, hinter uns allen in der Luft schweben. Sobald ich hinsah, breitete sich das Licht, das seinen Kopf umgab, nach unten aus und beleuchtete jeden Teil seines Körpers. Er wurde immer heller und heller – so hell, dass ich ihn nicht mehr direkt anschauen konnte. Als ich den Blick von ihm abwandte, sah ich, dass Lichtstrahlen von ihm ausgingen, breite Strahlen, die reinweiß leuchteten. Ich folgte den Spuren des Lichts und stellte fest, dass ein Lichtstrahl auf jede Person gerichtet war, die in der Luft hing. Dann sah ich, was geschah, als das Licht auf die einzelnen Leute fiel.

Zuerst brach sich das Licht, als würde es durch ein Prisma gehen, wobei es gebeugt wurde und alle im Weiß verborgenen Farben zum Vorschein brachte, aber das war nicht alles. Jede der Farben teilte sich auf, teilte sich in noch mehr Farben und danach noch mehr. Sie teilten sich weiter, erzeugten oszillierende geometrische Strukturen in jeder Form, Größe und Farbe und brachten große Meisterwerke der Mathematik und Architektur hervor. Sie teilten sich weiter auf und beugten sich in die organischen Muster von Blättern, Schneeflocken, Baumwurzeln und flackernden Flammen, wodurch riesige Wasserfälle lebendiger und bewegter Kunst entstanden. Immer wieder brach sich das Licht in unendliche Formen von Farben und Licht, die schöner waren, als ich sie je gesehen hatte. Bei jedem Menschen brach sich das Licht anders, was jedes kaskadierende Farbfraktal völlig einzigartig machte.

Dann hörte ich Jesus wieder sprechen; seine Stimme war näher, als wenn er mir ins Ohr flüstern würde. „Schau nach vorne und sieh, was es bewirkt." Seine Stimme glühte vor Stolz, so wie die eines Handwerksmeisters, der sein vollendetes Werk enthüllt.

Ich schaute nach vorne, und mein ganzer Körper wurde taub.

Die Ströme dieses verwandelnden Lichts erreichten jeden Winkel der Welt und veränderten jeden Ort, den sie berührten. Ich sah, wie Unternehmen gegründet wurden, Erfolg hatten und expandierten. Jedes Mitglied dieser Unternehmen, vom größten bis zum kleinsten, strahlte vor Heil und Zufriedenheit. Ich sah, wie Bücher geschrieben, dann verfilmt und schließlich in allen Ecken der Welt gesehen wurden. Einige stellten Jesus explizit dar und führten die Menschen direkt zu ihm; einige stellten Jesus implizit dar und bereiteten die Herzen von Millionen Menschen vor, ihn zu erkennen, wenn sie ihn sehen würden. Ich sah Gemeinden, in denen Zeichen und Wunder die Norm waren. Sie schulten und trainierten gesunde Söhne und Töchter, damit diese weitere gesunde Söhne und Töchter schulen und trainieren konnten.

Ich sah jede Facette der Gesellschaft und dazu jeden Sohn und jede Tochter Gottes, die gesandt wurden, um seinen Traum von Herrlichkeit genau dort zu verwirklichen.

Ich drehte mich um und schaute in einen anderen Teil der Welt und sah Leid. Ich sah Trauer. Ich hörte jeden Schrei nach Hilfe. Ich hörte alle Flüche, die von denjenigen ausgestoßen wurden, die verletzt und im Stich gelassen worden waren. Dann spürte ich, wie eine unmögliche Mischung aus Zorn und Mitgefühl in Jesus hochkam – Mitgefühl mit dem Schmerz, Zorn auf das Leiden. Dann sah ich Männer und Frauen, die Armeen von Menschen anführten, um die Hungrigen zu ernähren, den Gebrochenen zu dienen und die Verwundeten zu heilen. Ich sah Mütter und Väter, die rannten, um im Stich gelassene Kinder zu retten. Ich sah Freunde, die die Einsamen suchten. Ich sah Hände, die den Abgelehnten die Hand reichten.

Ich sah jede Verletzung, jeden Schmerz und jede Trauer, die es jemals auf der Erde gegeben hatte, und den Sohn bzw. die Tochter Gottes, der bzw. die gesandt wurde, um Gottes Antwort zu sein.

Ich sah die Pläne und Komplotte des Feindes, die Kulmination seiner Pläne für die Kultur, die Gesellschaft und die Menschen darin. All diese vertrockneten zu einer leeren Hülse und zerbröckelten zu Staub, machtlos gegenüber Gottes unendlichem Licht.

Ich sah stundenlang zu. Das Licht hörte nie auf. Ich sah tagelang zu. Das Licht hörte nie auf. Es wuchs nur, je mehr Menschen ihre Plätze als Leuchtfeuer der Herrlichkeit Gottes einnahmen.

Die Zeit verging. Ich blinzelte, und dann stand Jesus vor mir.

„Ist es das, was passieren wird? Ist es das, was passieren könnte? Dein Licht, das durch dein Volk freigesetzt wird und die Welt verwandelt?"

Er lächelte. „Es geschieht bereits."

Ich dachte zurück an all die grauen Schubladen, an die Tausenden von Träumen im Laufe der Geschichte, von denen so viele unvollständig blieben oder ignoriert wurden. Das Gefühl der Wut begann wieder aufzusteigen, Frustration über diejenigen, die Gottes Träume unerfüllt lassen würden.

„Stopp", sagte Jesus. Meine Wut verschwand in einem Augenblick. Er ging auf mich zu und legte wieder eine Hand auf meine Schulter. „Du entscheidest, ob du einsteigen willst. Das ist alles. Das ist genug."

Ich blinzelte wieder, und er war weg. Ich stand in meiner Einfahrt, meine Kinder fuhren mit ihren Fahrrädern im Kreis. Ich sah auf die Uhr. Es waren weniger als zwei Minuten vergangen.

Was bedeutet es, ein Geist zu sein? Was sollen wir in der geistlichen Welt tun? Es gibt wahrscheinlich mehr als eine Antwort, aber dies ist meine Lieblingsantwort auf beide Fragen: Wir sollen ein Ebenbild Gottes sein.

Am Anfang schuf Gott. Alles, was er schuf, war gut. Er schuf die Menschen als sein Abbild, als sein Ebenbild. Er setzte sie in einen Garten. Er berief sie, über alle Geschöpfe der Schöpfung zu herrschen, sich die Erde untertan zu machen und sich zu vermehren.

Das ist unsere heilige Pflicht. Was bedeutet es, sich die Erde untertan zu machen? Auch auf diese Frage gibt es viele gute Antworten, aber auch einige schlechte. Doch die Antwort, die mir gefällt, ist, die Erde so zu prägen, dass überall Gottes Herrlichkeit verbreitet wird.

Was auf Erden verbreitet Gottes Herrlichkeit? Alles, was wir zu seiner Ehre tun.

Das ist natürlich eine stark vereinfachte Antwort. Aber wie ein Kompass kann sie uns zwar nicht genau sagen, wie wir zum Ziel kommen, aber sie kann uns helfen, uns auf dem Weg zu orientieren. Dinge zur Ehre Gottes zu tun, ist nicht so einfach, wie ihm nach einem Fußballspiel zu danken oder zu beten, bevor du zur

Arbeit gehst. Es ist so komplex und aufwändig wie das Erlernen der Sprache des Himmels. Aber es lohnt sich, herauszufinden, wie speziell du geschaffen bist, um Gottes Herrlichkeit auf die Erde zu bringen. Ich habe gesehen, wie schön es ist, wenn Menschen das tun.

Über den Autor

Blake K. Healy ist ein leitendes Teammitglied der Gemeinde *Bethel Atlanta* in Georgia. Außerdem ist er Leiter der *Bethel Atlanta School of Supernatural Ministry* und steht in einem Reisedienst, um seine Erfahrungen mit dem Sehen im Geist weiterzugeben und andere darin zu lehren. Mit seiner Frau April und seinen fünf Kindern Haydon, Finnley, November, Ender und Sybil wohnt er in Tyrone, Georgia.

Für weitere Informationen oder um Blake zu kontaktieren, besuche seine Website: blakekhealy.com

Weitere Bücher von Blake Healy bei GloryWorld-Medien

Durch den Schleier sehen

Eine Einladung in die unsichtbare Welt; 176 S. Pb.

Blake K. Healy sieht Engel und Dämonen seit seiner Kindheit – und zwar so klar wie natürlich sichtbare Dinge. Er sieht zum Beispiel Engel in Anbetungsgottesdiensten tanzen und Ermutigungsworte in die Ohren von Menschen flüstern, doch genauso sieht er auch Dämonen, die sich an Leute heften und so Abhängigkeiten, Lügen und Bitterkeit in deren Herzen und Gedanken aufrechterhalten.

In diesem Buch erzählt er einige dieser Begegnungen und wie er in dieser Gabe reifte und dabei die Angst und Verwirrung über die Dinge, welche er sah, überwand. Und ebenso, und wie er lernte, die Gabe des Sehens zu Gottes Verherrlichung zu nutzen und andere darin zu lehren.

„Ich wollte nicht, dass dieses Buch jemals endet!" (Bill Johnson)

Blake K. Healy, Vollkommen gut

Gott mit den Augen seiner Liebe sehen lernen; 184 S., Pb.

Auch in diesem Buch lässt uns Blake Healy daran teilhaben, was er in alltäglichen und speziellen Situationen im Geist sieht, sei es bei einer Gerichtsverhandlung, zu Hause, im Freibad, oder bei einem evangelistischen Einsatz. Doch schmerzhafter, als im Geist die klaffenden Wunden eines emotionalen Traumas oder dämonische Gebundenheit zu sehen, ist für ihn, *wenn die Güte Gottes von seinem Volk nicht in Anspruch genommen wird.*

Mit diesem Buch verfolgt er deshalb zwei Ziele: Er möchte anhand von drei Schlüsseln die *Gabe des Sehens im Geist in uns aktivieren,* und er möchte, dass wir dadurch *die Güte Gottes wiederentdecken.*

Blake K. Healy, Unzerstörbar

Führe deine geistlichen Kämpfe aus der Perspektive des Himmels; 192 S., Pb.

Welche Fallen und Taktiken wenden Dämonen an, und wie können wir diese meiden? Dieses Buch fasst zusammen, was Blake K. Healy in über dreißig Jahren über die Pläne des Feindes und ebenso die des Himmels gelernt hat.

Wir lernen, wie wir die Komplotte, Pläne und Lügen des Feindes aufdecken und abwehren können und gleichzeitig die Pläne des Himmel vorantreiben können. Sein Hauptanliegen ist dabei, dass wir den geistlichen Kampf nicht aus eigener Kraft, sondern aus der Perspektive des Himmels führen, und ein Leben aufbauen, das unzerstörbar ist.

Weitere Produkte von GloryWorld-Medien

„Himmlische Bücher für die Erde“

Dr. Henry Wright

Die geistlichen Ursachen von Krankheiten

Klare Antworten auf Ihre Fragen zu Krankheitsprävention und Heilung, 208 Seiten, Pb.

Gemäß den langjährigen Erfahrungen des Autors haben etwa 80 Prozent aller Krankheiten eine geistliche Ursache und sind die direkte Folge einer gestörten Beziehung zu Gott, zu uns selbst oder zu anderen. Gott offenbarte ihm aus seinem Wort, was die geistlichen Ursachen von Krankheiten und den Blockaden zur Heilung sind.

Er geht insbesondere auf folgende Krankheitsarten ein: Allergien, Autoimmunerkrankungen, psychische Störungen, Herz-Kreislauf-Erkrankungen und Belastungsstörungen (z. B. Stresskrankheiten).

Erica Willis, Kühn glauben

Wie einfaches, zuversichtliches Gebet das Übernatürliche freisetzt; 216 S.; Paperback

Lange Zeit dachte Erica Willis, die ganzen übernatürlichen Erfahrungen, wie Prophetie, Heilung, Wunder usw., seien nur etwas für „Superchristen“.

Bis Gott ihr einen Weg zeigte, wie sie trotz ihres Eingespanntseins in Familie, Beruf und Gemeinde ihre Beziehung zu ihm so vertiefen konnte, dass diese Erfahrungen ganz natürlich zu einem Teil ihres Lebens wurden.

In diesem Buch erzählt sie auf kurzweilige Art ihre Geschichte und Erlebnisse. Entstanden ist eine praktische Anleitung für alle, die sich nach einer tieferen Beziehung zum Heiligen Geist sehnen.

Ella Legan, Mache dich auf!

... und begegne dem Vaterherzen Gottes; 320 S.; Pb.

Sehnst du dich danach, mehr von Gott zu erleben und seine heilende Gegenwart zu erfahren?

„Mache dich auf!“ ist die Einladung zu einer Reise ins Vaterherz Gottes. Gott sieht dich und deine Situation und will dir genau dort begegnen. Lass dich von Ella Legan auf diese 40-tägige Reise mitnehmen, die dem Weg der Israeliten aus der Knechtschaft in Ägypten zum Berg Gottes nachempfunden ist. 40 Begegnungen mit Jesus und dem Gott der Herrlichkeit warten auf dich.

Am Ende wirst du bereit sein, in dein eigenes Land der Verheißung weiterzuziehen. Mache dich auf!

Tom Loud

Die Kraft des Reiches Gottes freisetzen

Fünf Schlüssel zu vollmächtiger Heilung; 160 S., Pb.

Was war das Geheimnis der ersten Christen, dass für sie Heilungen so normal waren wie bei Jesus?

Tom Loud wollte es wissen und befasste sich so lange mit dem Thema, bis er auf Gottes Antwort stieß und damit auf Anhieb Erfolg hatte.

Seither sind Tausende durch ihn geheilt, gerettet und befreit worden und er hat seine Erkenntnisse und Erfahrungen an viele andere auf der ganzen Welt weitergegeben, die nun ähnlich effektiv sind.

Tommy Welchel und Michelle P. Griffith

Wahre Geschichten und Wunder der Azusa Street

Eine der größten Erweckungen der Geschichte, die heute wieder aktuell ist; 200 S., Pb.

Tommy Welchel besuchte in den 1960er-Jahren die Leute, die als Jugendliche wesentlich an einer der größten geistlichen Erweckungen beteiligt waren – der Azusa-Street-Erweckung. Sie erzählten ihm aus erster Hand, welche außergewöhnlichen Wunder und Heilungen sie damals erlebten, wenn sie für Menschen beteten.

Erst vor Kurzem gab Gott dem Autor die Erlaubnis, diese Geschichten in Buchform zu veröffentlichen. Inzwischen werden sie auf der ganzen Welt erzählt und die Folgen sind immer noch erstaunlich: Wunderbare Heilungen, übernatürliche Phänomene und Lösungen für das Unmögliche.

Frank Krause, Die neun Schleusen des Herzens

160 S., Paperback

Wie geschieht es, dass die Verheißung Jesu, dass aus unserem Innern Ströme von lebendigem Wasser fließen werde, wenn wir an ihn glauben, zu unserem normalen Erleben wird? Dass andere uns als Quelle und nicht als Zisterne, als Oase und nicht als Wüste wahrnehmen?

Als Frank Krause diese Frage vor Gott bewegte, ließ dieser ihn im Geist sein eigenes Herz sehen und durchwandern. Er zeigte ihm, dass unser Herz neun „Schleusen" hat, entsprechend den neun Aspekten der Frucht des Geistes.

Diese Schleusen wollen in uns geöffnet und freigesetzt werden, damit der Geist mit ganzer Kraft durch uns strömen kann und wir mit seiner Frucht überfließen. Nun können wir auch anderen helfen, diese Fülle zu erleben, sodass in der Folge echte Gemeinschaften der Heiligen entstehen.

Jonathan Welton, Die Schule der Seher

Eine praktische Anleitung, wie man ins Unsichtbare hineinsehen kann; 224 S.; Pb.; Vorwort von Randy Clark

Viele Christen haben angefangen, übernatürliche Phänomene zu erleben: Träume, (offene) Visionen, Engel oder Dämonen. Aber es mangelt ihnen an solider biblischer Lehre und sie sind zu dem geworden, was man als *Seherwaisen* bezeichnet: Sie suchen verzweifelt nach jemandem, der sie trainiert, ermutigt und freisetzt.

Das Ziel von Jonathan Welton war deshalb, ein praktisches Handbuch herauszubringen, das den Leib Christi mit den Informationen ausrüstet, die notwendig sind, um in der Dimension des Prophetischen bzw. des Sehers zu wachsen und im Leben im Übernatürlichen Reife zu erlangen.

Cornelia Weinmann, Jesus ruft seine Braut

Gottes Herzschlag für Deutschland entdecken

344 S., Paperback.

Wofür schlägt Gottes Herz, was ist die Berufung der Braut Christi in Deutschland und was könnte uns hindern, diese Berufung anzunehmen?

Dieses Buch entfaltet die atemberaubende Liebesgeschichte zwischen Gott und uns Menschen, wie sie im Hohelied angedeutet wird. Wir sind eingeladen, Jesu Braut zu sein! Insbesondere werden wir dabei auch den Herzschlag Gottes für Deutschland entdecken.

Sind wir von den Traumata der Vergangenheit befreit, können wir im Takt seiner Liebe in neugewonnener Leichtigkeit in eine neue Zukunft gehen. Der Ruf geht nämlich schon durch die Welt: „Seht, der Bräutigam kommt! Geht hinaus, ihm entgegen!" (Mt. 25,6).

Dr. Charity Virkler-Kayembe / Dr. Mark Virkler

Höre Gott durch deine Träume

Gottes Reden in der Nacht verstehen; 288 S., Pb.

In der Bibel finden wir sehr viele Beispiele für Gottes Reden durch Träume. Auch heute möchte er uns durch Träume wichtige Botschaften zukommen lassen. Doch beachten wir sie oft wenig oder wissen nicht, wie sie zu deuten sind.

Diesem Missstand möchte dieses Buches abhelfen. Die Autoren haben sehr viele Erfahrungen im Umgang mit Gottes Reden gesammelt. Das Buch ist ein praktischer, leicht verständlicher und biblischer Leitfaden, um die Sprache zu verstehen, die Gott in unseren Träumen benutzt.

Luc Niebergall, Eine zeitlose Reise

Wie ich den Himmel erkunden und meine Identität empfangen durfte; 144 S., Paperback

Ab dem Alter von 16 Jahren wurde Luc Niebergall eine unglaubliche „Reise" in die Herrlichkeit der Person Jesu zuteil. Nach acht Jahren Visionen, Träumen und himmlischen Begegnungen schrieb er einiges davon auf.

Dieses Buch ist ein Aufruf an die Söhne und Töchter Gottes, ihr volles Erbe zu empfangen, das darin besteht, in einer ewigen, intimen Beziehung zu Gott selbst zu leben. Begegnen wir der intimen Liebe Gottes, des Vaters, fällt die falsche Identität der Waisenschaft von uns ab. Wir werden zu siegreichen Söhnen und Töchtern, welche den Nationen Heilung und Wiederherstellung bringen.

Luc Niebergall

Einen prophetischen Lebensstil entwickeln

Werde zum Sprachrohr Gottes für die Welt!

120 S., Paperback

Als Söhne und Töchter Gottes haben wir die übernatürliche Fähigkeit erhalten, seine Stimme zu hören. Zu verstehen, wie er zu uns spricht, ist ein wesentlicher Faktor, um den Herrn als Freund zu kennen.

Der prophetische Dienst ist nicht wenigen Auserwählten vorbehalten, sondern für alle da. Gott erweitert unsere Fähigkeit zu verstehen, wie er mit uns spricht: durch sein (leises) Reden, durch Visionen, Träume und viele andere Wege. Gott weckt unsere geistlichen Ohren, sodass wir sein Sprachrohr für diejenigen sein können, denen er eine Begegnung mit seiner Liebe schenken möchte.

Luc Niebergall

Ganzheitlich siegreich leben

Wie wir in allen Lebensbereichen gegen die Angriffe des Feindes immun werden; 124 S., Paperback

Der geistliche Kampf scheint ein komplexes Thema zu sein. Luc Niebergall liegt daran, es zu entmystifizieren und einfach verständlich zu machen. Er stellt dazu praktische und geistliche Werkzeuge vor, die uns helfen, siegreich zu leben, was Körper, Seele und Geist angeht.

Somit wird unser ganzes Wesen unter die Herrschaft Jesu gebracht, anstatt dem Feind in irgendeiner Form Raum zu geben. Verstehen wir unsere königliche Identität, können wir den geistlichen Kampf aus einer Haltung der Ruhe, der Autorität und des Sieges führen.

Phil Mason, Quanten-Herrlichkeit

Die Wissenschaft von der Inbesitznahme der Erde durch den Himmel; 520 Seiten, Paperback

Quanten-Herrlichkeit erläutert auf eine äußerst spannende Weise die Zusammenhänge zwischen den faszinierenden Erkenntnissen der Quantenmechanik und der Herrlichkeit Gottes, die sich u. a. in Heilungswundern äußert.

Der erste Teil untersucht die subatomare Welt und enthüllt ihren außergewöhnlich komplexen göttlichen Plan, der die Genialität unseres Schöpfers offenbart.

Im zweiten Teil erklärt der Autor ausführlich, wie die Herrlichkeit Gottes in unser physisches Universum eindringt, um Wunder göttlicher Heilung zu bewirken.

Das Buch ist vollgepackt mit verblüffenden Erkenntnissen, aber mehr als das, ist es dazu bestimmt, uns für den übernatürlichen Dienst auszurüsten, damit wir die Herrlichkeit Gottes auf der Erde freisetzen, wie sie im Himmel ist!

Phil Mason, Die Ergründung des Herzens

Eine Einführung in die Herzensrevolution; 240 S., Pb.

Band 1 der Reihe „Übernatürliche Transformation"

Willkommen zur Herzensrevolution! Phil Mason bringt uns mit diesem Buch wieder mit dem Herzen Gottes – und somit auch unserem eigenen Herzen – in Verbindung. Begegnen wir der verschwenderischen Liebe des Vaters, erweckt sie in unserem Herzen eine neue Begeisterung und Leidenschaft.

Jesu Modell der Herzensverwandlung stützt sich nicht auf irdische Weisheit und Methoden. Er möchte, dass wir durch eine Begegnung mit der Herrlichkeit und Macht Gottes verwandelt werden.

Phil Mason, Das Wunder der Neuen Schöpfung

Die Grundlage der Herzensrevolution; 264 S., Pb.

Band 2 der Reihe „Übernatürliche Transformation"

Was genau passiert bei der Wiedergeburt eines Christen? Welche Segnungen gehen damit einher? Wie kommen wir dahin, vom Geist bestimmt zu werden? Und wie geschieht es, dass wir ganz heil werden und immer mehr Christus widerspiegeln?

Phil Mason legt die umfassende Grundlage dafür, dass jeder Christ die Tatsachen und Prozesse versteht, die uns zu siegreichen Christus-Nachfolgern machen. Das ist Voraussetzung für die Revolution, die Gott in seiner Gemeinde gerade in Gang bringt.

Bill Johnson / Randy Clark, Berufen zu heilen (Bd.1)

Grundlagen und Praxis des Gebets für Kranke, 240 S., Pb.

Jeder Christ kann von Gott gebraucht werden, um anderen Heilung zukommen zu lassen. Das ist das Anliegen der beiden Autoren. Dazu berichten Sie, wie Gott sie in den Heilungsdienst hineinführte, und legen anschließend klare biblische Grundlagen für das Heilungsgebet. Im umfangreichsten Teil gehen sie auf verschiedene Aspekte ein, die für eine Heilung förderlich sind, erläutern, wie seelische und körperliche Krankheiten zusammenhängen und stellen dann ein in der Praxis bewährtes Modell für das Gebet um Heilung vor, das für alle Christen leicht anwendbar ist.

James Goll

Geistlich wahrnehmen und unterscheiden

Wie wir Offenbarungen empfangen, prüfen und anwenden können; 216 S.

James Goll erklärt, dass jeder Nachfolger Jesu geistliche Offenbarungen empfangen und prüfen kann, auch wenn einige als Propheten besonders begabt sind. Er legt präzise dar, wie wir unsere Sinne dem Heiligen Geist hingeben können, damit wir geistlich wahrnehmen können.

Und er erläutert, wie wir Offenbarungen prüfen, anwenden und letztlich verinnerlichen können, damit die Menschen sie nicht nur hören, sondern in uns sehen.

Für das vertiefte Studium ist ein Arbeitsbuch erhältlich.

Judy Franklin / Beni Johnson

Den Himmel erleben

Wie wir in Gottes Dimension eintreten können

Vorwort von Bill Johnson; 200 S., Pb.

Judy Franklin, die Sekretärin von Bill Johnson, versteht es meisterhaft, die christliche Gemeinde zu ihrem ursprünglichen Auftrag, im Geist zu leben, zurückzuführen. Ihr Buch liest sich wie eine Schatzkarte, die einen vom Chaos dieser Welt zu übernatürlichen Erfahrungen führt.

Aufgrund ihrer Kindheitserlebnisse hatte Judy Franklin lange Zeit gedacht, sie sei dumm und könne nicht geliebt werden. In diesem Buch berichtet sie, wie Gott sie in die himmlische Welt sehen ließ und ihr persönlich begegnete, sodass sie diese Erfahrungen überwinden konnte.

Die praktischen Tipps und Anleitungen helfen Ihnen, den Vater sehr persönlich kennenzulernen. Die Autorin berichtet, wie sie Hindernisse zu dieser Erfahrung überwand, und bezeugt dadurch Gottes Kraft zu heilen und seine liebevolle Freundlichkeit und Güte gegenüber allen, die sich danach sehnen, ihn zu kennen und eine tiefere Vertrautheit mit Christus zu erleben.

Kevin Basconi, Mit den Engeln tanzen, Band 1

Die Grundlagen: Gottes Engel erkennen, einladen und beauftragen; 240 S.; Paperback

Mit diesem Buch stellt uns Kevin Basconi eine inspirierende, glaubensstärkende und praktische Anleitung zur Verfügung, wie ganz normale Gläubige mit Engeln zusammenarbeiten und sie sogar beauftragen können, um den Willen Gottes auszuführen.

Sein Buch ist voller spannender persönlicher Berichte, in denen er uns an seinem wachsenden Verständnis über das Wirken der Engel teilhaben lässt. Er erläutert, wie unsere Fähigkeit, Gottes Willen zu tun, dramatisch zunimmt, sobald wir mit Engeln zusammenwirken.

Joshua Mills, Zeit und Ewigkeit

Herrsche über deinen Tag!; 88 S. Paperback

Dieses Buch ermutigt zu einem übernatürlichen Zeitmanagement. Tauchen Sie mit Joshua Mills in die bisher verborgenen Geheimnisse von Zeit und Ewigkeit ein, zwei Dimensionen, die sich in uns berühren.

Im Gebet werden wir angeleitet, wie wir die Zeit in unseren Dienst zu nehmen vermögen, unsere Tage übernatürlich verlängern, mehr Produktivität hervorbringen, nützliche Kontakte bekommen und heute Dinge erreichen, die wir gestern nicht erreicht haben.

Auch zeigt er uns, wie Gott uns die Jahre wiedererstattet, die uns geraubt worden sind. Und nicht zuletzt lesen wir faszinierende Zeugnisse über Zeitsprünge, übernatürliche Zeitumkehr, erneuerte Jugend und andere Wunder, sodass uns neu bewusst wird: Alles ist möglich!

James Goll, Die Gaben des Heiligen Geistes freisetzen; 216 S., Paperback

Der Heilige Geist demonstriert Gottes übernatürliche Kraft durch seine Gemeinde heute, indem seine Herrlichkeit auf globaler Ebene freigesetzt wird. Alle Gaben Gottes sind immer noch voll funktionsfähig, und jeder einzelne Gläubige ist dazu bestimmt, im Fluss Gottes zu leben und seine Bestimmung zu erfüllen.

James Goll zeigt auf, wie der Heilige Geist durch die neun bekanntesten Geistesgaben wirkt und wie wir sie unter Gottes Leitung für die Erfüllung des Missionsbefehls einsetzen können.

Anhand vieler anschaulicher Beispiele aus der Bibel und aus der Gegenwart lernen wir, wie geistliche Gaben in der Praxis funktionieren. Aber es geht in diesem Buch nicht nur darum, wie man seine geistlichen Gaben entdeckt oder empfängt, sondern wie man sie freisetzt und weitergibt!

Barry & Lori Byrne, Liebe in der Ehe

Eine tiefere geistliche, emotionale und körperliche Einheit erleben; Vorwort von Bill Johnson; 334 S., Klappenbroschur

Gott möchte, dass die Ehe ein Ort echter Liebe und Vertrautheit ist. Dafür brauchen wir die Hilfe des Heiligen Geistes. Mit ihm können wir die Ursachen unserer Konflikte erkennen und überwinden. Unsere Ehe kann Heilung und Wiederherstellung erfahren, egal, wie der momentane Zustand ist.

Mit klarer biblischer Lehre und vielen praktischen Hilfen packen die Autoren die wichtigsten heißen Eisen an. Viele ermutigende Erfahrungsberichte verdeutlichen die dramatische Heilung und Intimität, die mit Gottes Hilfe möglich ist.

Dr. Larry Richards

Die volle Waffenrüstung Gottes

Gut geschützt gegen die Angriffe des Bösen; 208 Seiten, Pb.

Die Bibel macht deutlich, dass ein Großteil unserer Unsicherheiten, Ängste und Zweifel auf den Machenschaften böser Mächte beruhen. Deshalb ist es so entscheidend, dass wir sowohl die Strategien kennen, die Satan benutzt, um uns anzugreifen, als auch die Rüstung, die Gott uns zur Verfügung stellt, um uns dagegen zu schützen.

Eine biblische Dämonologie, Hilfen zum Umgang mit dem Bösen in der Seelsorge sowie Lektionen für „Lebe-frei-Selbsthilfegruppen" runden das Buch ab.

Chris und Liz Gore, Überfließen

Jeden Tag die Fülle des Himmels erleben; 176 S., Pb.

Chris uns Liz Gore möchten allen Gläubigen ganz praktisch dazu verhelfen, das überfließende Leben zu erfahren, von dem Jesus gesprochen hat. Unser Leben soll nicht auf Lügen aufgebaut sein und unsere Vorstellung vom Herzen des Vaters soll auf der Wahrheit beruhen.

Als Bonusmaterial sind einige Lektionen von Insassen eines Hochsicherheitsgefängnisses in den USA enthalten. Als Chris dort diente, begegnete er der Liebe und dem erlösenden Herzen des Vaters auf eine ganz neue Art und Weise.

Bestellen Sie im Buchhandel oder (versandkostenfrei in D) direkt beim Verlag:

GloryWorld-Medien | Beit-Sahour-Str. 4 | D-46509 Xanten
Fon: 02801-9854003 | Fax: 02801-9854004 | info@gloryworld.de

Aktuelles, Leseproben, Downloads & Shop: **www.gloryworld.de**